Peter Altenberg

Fechsung

Literaricon

Peter Altenberg

Fechsung

ISBN/EAN: 9783956979941

Auflage: 1

Erscheinungsjahr: 2016

Erscheinungsort: Treuchtlingen, Deutschland

Literaricon Verlag UG (haftungsgeschränkt), Uhlbergstr. 18, 91757 Treuchtlingen. Geschäftsführer: Günther Reiter-Werdin, www.literaricon.de. Dieser Titel ist ein Nachdruck eines historischen Buches. Es musste auf alte Vorlagen zurückgegriffen werden; hieraus zwangsläufig resultierende Qualitätsverluste bitten wir zu entschuldigen.

Printed in Germany

Cover: Lesser Ury, Im Café Bauer, 1889

Fechsung

von

Peter Altenberg

S. Fischer, Verlag
Berlin 1915

Alle Rechte, besonders die der Übersetzung, vorbehalten

Non *nascimur* homines, sed *crescimus!*
Wir werden nicht *geboren* als Menschen, aber wir wachsen allmählich dazu *heran!*

Ein modernes Buch soll eine organische Verbindung sein einer *einzelnen Menschenseele* und einer *Weltanschauung!*

Ich schreibe das *aktuellste*, das *persönlichste*, das *allgemeinste* Buch: für alle, die da *sind* und *sein werden!* Nur nicht für die *Gewesenen* jeglicher Art! *Pereant Seniles!*

P. A.

NACHTRAG ZU PRODROMOS

SIMPLEX VERI SIGILLUM!

Jeder Mann weiß ganz genau, welche Art von Nahrung sein geliebter Hund braucht, um „fit" zu bleiben, wann, wo und wie er schlafen muß, kennt es ihm sogleich an, wenn ihm irgend etwas fehlt, ja, geht sogleich in zweifelhaften Fällen zum Tierhändler, zum Tierarzt. Aber von der geliebten, zartesten Frau sagt er: „Geht ihr denn was ab? Hat sie sich zu beklagen?! Na also!" Er forscht nicht nach, sie hat leider die Sprache mitbekommen, sie, diese dennoch ewig Stumme und Verstummende! Von ihrer Ernährung, von ihrer Verdauung weiß er nichts, das weiß er nur von seinem Hunde. Auch kann er nicht wegen ihr zum Tierarzt gehen, leider. Auch zum Tierhändler nicht, denn er hat sie wahrscheinlich nur von einem Menschen erhandelt. Und den trifft keine Verantwortung.

*

Fasten: Wenn du deinem Leibe etwas weniger darreichst, als er benötigt, frißt er dir genial-freundschaftlich zuerst die krankhaften Gewebe und das überflüssige Fettgewebe weg. Herr Banting, Kaufherr, der Bauer Schroth, ahnten das. Aber die Ärzte päppeln dich auf wie das Mastvieh zur Viehausstellung, um von idiotischen Eltern, idiotischen Liebhabern, idiotischen Ehegatten belohnt und belobt zu werden!

*

Zu mager gibt es nicht, es gibt nur zu dick!

*

Die, die über mich lachen, werden später über sich weinen!

*

Ich bin nicht erstaunt, daß jemand, der abends geröstete Kalbsleber oder Nierndln frißt, mir meine geliebteste Geliebte wegnimmt! Bei weichgekochtem Reis hätte er diese Untat nicht vollführt!

*

Schmutzige und vor allem vorstehende Fingernägel (Krallen) sind unnötig. Belästigen wir unsere daran unschuldigen Nebenmenschen mit unseren notwendigen Unzulänglichkeiten, und verschärfen wir unsere ohnedies prekäre Situation, in jeglicher Beziehung, nicht noch durch unnötige Belästigungen der daran völlig unschuldigen Nebenmenschen!

*

Im Augenblicke, da eine geliebte Frau es uns traurig mitteilt, sie habe unideale Brüste, hat man es ihr bereits verziehen; ja, sie rührt uns dann eventuell desto mehr! Nur der Pfau, der mit bereits zerschlissenen Federn noch sein Rad schlägt, ist uns verächtlich!

*

Um gesund zu bleiben oder zu werden haben wir ganz einfach bei Tag und bei Nacht die Darmnerven zu schützen, die Magennerven, die Sexualnerven, die Gehirnnerven und die Herznerven. Und alle anderen Nerven obendrein. Freilich muß man auch Geld haben, keine Eifersuchtsqualen, und stets gerade die Frau, auf die man momentan „fliegt"! Basta.

*

Ein Mensch, auch wenn er nur eine Frau ist, muß nie ungezogen sein, nie taktlos sein, nie vorlaut sein, nie geschmacklos sein, nie roh sein, nie grausam sein, nie frech sein, nie unbescheiden sein, nie arrogant sein, nie habsüchtig sein, nie eitel sein, nie kokett sein, nie neidisch sein! Nein, wahrlich, das muß er nicht! Weshalb sind sie es also fast alle?! Weil sie keine Menschen, sondern „Menscher" sind!

*

Bei allen Dingen, die man für seine Gesundheit, seine Entmaterialisierung, sein Leicht- und Unbeschwertwerden, unternimmt, muß man vor allem daran fast religiös glauben! Der Skeptiker, Pharisäer, Melancholiker ist verdammt, daß alles Unternommene ihm doch nichts nütze! Der Glaube an die Wahrheit versetzt Berge!

*

Symptome von Krankheiten, Haut-Ekzeme, beheben, statt auf die Ur-Ursache des Leidens tiefzubohren, ist ein feiges Manöver, für das die idiotischen Eltern, der idiotische Geliebte (meistens Gehaßte) oder der in Erwerbssorgen sich erschöpfende idiotische, angeblich liebevolle Gatte (er verdient das Geld) dem Arzt gern und dankbar bezahlen! Vogel-Strauß-Politik: man sieht nichts mehr von der Erkrankung. Nein, sie hat sich wegen schlechter Behandlung ins Innere zurückgezogen und lauert hier auf Rache in Form von künftigem Krebs usw.! Krankheit ist der Notschrei der beleidigten Natur! Halte ihr nicht den Mund zu! Wenn sie schon so gütig ist, zu schreien und um Hilfe dich anzuflehen!

*

Ich sterbe lieber an Diarrhöe als an Verstopfung. Wer das nicht versteht, versteht überhaupt noch nichts. Und vor allem wird er vorzeitig Gott sei Dank elend zugrunde gehen!

*

Hippokrates: „Je mehr ihr einen kranken Organismus ernähret, desto mehr schadet ihr ihm!" Denn gerade zur Verarbeitung, Assimilierung fehlt ihm im kranken Zustande die nötige Kraft! Man frißt sich viel mehr zu Tode, als man sich zu Tode sauft! Alkohol ist ein sichtbares, erkennbares, spürbares Gift, aber die Wiener Mehlspeisen sind ein unkenntliches heimtückisches Gift, unter den verräterisch-appetitlichen Namen: Tatschkerln, Fleckerln, Wuchterln, Strudel, Erdäpfelnudel, Rahmstrudel, Dalken, Palatschinken, Omelette.

*

Ein Teufelssatz: Was einem schmeckt, kann einem nicht schaden! Richtiger ist, daß, was einem nicht schmeckt, einem nicht schaden kann, denn man läßt es eben stehen!

*

Die Katze ist, abgesehen von ihrer genialen Bewegungsanmut, ein Genie: sie heilt sich von jeder Erkrankung, sogar von Vergiftung, durch Aushungern!

*

„Wir brauchen den Mann als ‚Wurzen‘," sagte eine ganz süß Aufrichtige. „Aber wieso er uns braucht, das ist mir ganz unverständlich!"

*

Ich entließ mein Stubenmädchen im Grabenhotel, Risa Schmied, mit folgendem Zeugnis, da sie es vorzog, die Privatwohnung des Grafen Kaltenegg zu betreuen: „Wenn Sie bei uns geblieben wären, hätte ich, als Junggeselle, den Tagen der Vereinsamung, des Alterns, der Krankheit ruhig entgegengeharrt, wie ein in Familienliebe Gebetteter! Nein, besser!"

*

Du wirst es mir doch nicht ins Gesicht sagen wollen, Selbstbetrüger, daß dir Austern besser schmecken als mir mit Hunger Gesegnetem dampfende Kipfelerdäpfel in der Schale mit Teschener Butter und Salz?! Gleich wird dich der „Krebs" holen und die Leberentartung!

*

Rechnen ist so einfach; aber falsch rechnen, da kennt man sich dann gar nicht mehr aus.

*

Fett ist besser als Mehl und Zucker. Weshalb?! Man hört früher auf, weil es einem bald widersteht. Günstig ist alles, was sich einem von selbst bald mies macht! Also auch die geliebte Frau!

*

Ein „Pfleger" sollte das Zarteste sein, aber er ist das „Roheste"! Nur Trinkgelder können ihn noch menschlich machen! Aussagen von „Pflegern" Gehör und Glauben schenken, ist das feigste, infamste Verbrechen, das je Ärzte, Verwandte, Gattinnen, Freundinnen, Geschwister begangen haben!

*

Gefährlich sind nur die Dinge, die du auf die Dauer verträgst! Ein festes Verhältnis, die Ehe und Mehlspeisen! Fett und die Hure sind ungefährlich!

*

„Willst du nicht lieber noch auf das Glück des Hungers warten?!" sagte der Papa zu seinem geliebten Kindchen. „Nein, Papschen, ich möchte lieber jetzt schon essen!" Der Vater dachte: „Aus dir wird auch kein Genie!"

*

Einem Patienten, der unter deiner Obhut steht, um acht Uhr abends ein ausgiebiges Schlafmittel verabreichen, Paraldehyd 20 Gramm, während im Nebenzimmer einer laut betet und Gott und die Welt zu Zeugen für irgend etwas anruft und mit Ermordung aller Schuldigen droht, ist ein feiges Verbrechen von Ärzten und Pflegern! Schlafmittel haben Nachtruhe zu garantieren, sonst sind sie ein Gift, ein wissentlicher Mord!

*

Meine „Pfleger" Franz Pfleger und Josef Hennerbichler waren Genies der Menschenfreundlichkeit, wie Beethoven ein Genie der Töne. Aber die andern sollte man alle chinesisch foltern für ihre geheimnisvollen Verbrechen, die sie vollführen und die selbst durch Trinkgelder nicht immer verhindert werden können, am wenigsten aber durch die kontrollierenden (ha, ha, ha, ha!) Ärzte, vulgo „ich kenn mich nix aus"!

*

Der Patient einer Anstalt ist der „schreckliche Mensch", der den Arzt Tag und Nacht hindert, ein ungestörtes ödes und friedlich-sattes Familienleben zu führen!

*

Ich leide an Ekzem, Hautausschlag, Pusteln, heißt: mein Körper hat die Gnade, mir es mitzuteilen, daß etwas in ihm versteckt tief drinnen nicht ganz in Ordnung ist, und er macht mich daher gnädig bittend aufmerksam, durch äußere Anzeichen, daß drinnen etwas Bösartiges sich ereigne. Wenn ich aber die getreuen Sendboten dieser Meldung, Ekzem, Hautausschlag, Pusteln, vertreibe, vernichten lasse durch Salben, dann bin ich ein gottverlassener Ochs, der der Bestrafung durch ein gerechtes Schicksal nicht entgehen wird!

*

Wenn die Frauen es einsähen, daß Fasten eine Verjüngungskur sei, würden sie sich zu Tode fasten!

*

Hast du schon auf der Wiese, auf der Alm den Duft frischen Kuhdüngers gespürt?! Er gehört gleichsam zum Duft der Erde und der Gräser! Die Kühe haben nicht das Glück, von Menschen-Almen dasselbe zu behaupten! Aber sie werden es einst! Hoffentlich!

*

Genieße erst eine Frau, bis dich die Sehnsucht nach ihr verzehrt! Auch hier gilt das Sprichwort: Hunger ist der beste Koch!

*

Professor Sandouzy: La sur alimentation n'est que de la sur intoxication! (Vergiftung.)

*

Belästigen Sie mich nicht mit den Konfidenzen Ihrer geistig - seelischen Komplikationen! Essen Sie ausschließlich Hafergrütze, Pommes cheeps (in dünnen Scheiben geröstete Salzkartoffeln), Eidotter, Spinat, Spargel, Gervais, schlafen Sie zwölf Stunden bei weit geöffneten Fenstern, nehmen Sie morgens nüchtern einen Eßlöffel voll Rhamnin (Cortex Rhamni Frangulae) — — — und dann wollen wir weitersprechen über Ihre merkwürdigen seelisch-geistigen Komplikationen! Aber zuerst muß die Maschinerie in Ordnung sein! Verstanden?!

*

Nach überstandenem Typhus verjüngt man sich, wenn man eben nicht zufällig daran gestorben ist, bloß darum, weil man in der glücklichen Lage war, sechs Wochen und länger nichts essen zu müssen, zu können! Die Auffassung von Glück ist eben verschieden; ja, die eine ist richtig und die andere unrichtig, die eine ist anständig, die andere ist unanständig, die eine ist eine Weisheit und die andere ist eine Stupidität! Verschwenden ist unrichtig, unanständig und stupid. Ohne tiefste Anhänglichkeit eine Frau genießen wollen, ist unrichtig, unanständig und stupid. Weshalb aber?! Weil sich alles mehr rächt, als es dir Genuß bereitet hat, Esel! Wenn es umgekehrt wäre, hättest du recht, und ich wär der Esel! So aber bist du es!

*

Hunger ist nicht nur der beste Koch, sondern auch der beste Arzt!

*

Bei Überreichung einer weißen Ledertasche mit eingesetzten grünen und rostroten und lila Lederfleckchen, an einem schwarzen dicken Seidenkordon, für Paula - Ju - Ju: Der Wert einer Sache ist eben nicht ihr Geldwert, sondern immer nur der Grad der inneren Kultur des Beschenkers: sein vornehm-exzeptioneller Geschmack! Nie dürfte mir eine Freundin, wenn ich reich wäre, den Schmuck tragen, den diese reichen Unkultivierten schenken! Eine große schwarze Perle ist — — — groß und schwarz, aber schön ist sie nicht. Sie erweckt nur Neid und Eifersucht, ist also ein Geschenk Satans an eine Teufeline!

*

Reine Hände und Füße sind gewiß notwendig und angenehm, aber noch viel, viel notwendiger und angenehmer ist ein reiner, gründlich gereinigter Darm!

*

Ihr nehmt parfümierte Seifen zu zwei, drei, fünf Kronen. Aber ein Eßlöffel von Rhamnin (Cortex Rhamni Frangulae) würde euch viel reiner und appetitlicher, froher und leichter machen, nämlich von innen heraus!

*

Ich bin fest überzeugt, daß Jago, Franz Moor, Macbeth, Mephisto, Hamlet, Wallenstein an Verstopfung litten!

*

Das Überflüssige und das Notwendige ― ― ―
Hölle und Paradies!

*

Die „Jungfrau von Orleans" hat nie menstruiert. Die dadurch ersparten Lebensenergien verwendete sie, um Frankreich zu erretten!

*

Das tiefste Verbrechen der Ärzte in den Sanatorien ist, Schlafmittel nicht restlos ausschlafen zu lassen, Melancholiker zur Nahrungsaufnahme mit Gewalt zu zwingen; reiche Mäzene sollten Prämien aussetzen für ideale, gutmütige, verständnisvolle Pfleger!

*

Der Geist ist die notwendige unentrinnbare Folge des Leibes. Wie das Licht der Lampe die Folge von Docht, Petroleum, Luft ist. Rußen tut nur der Leib; der schlimme Geist, das trübe Licht ist eine Konsequenz des ungepflegten Leibes! Der Geist brennt immer gern klar, wenn Docht, Lampe, Luft nur richtig sind! Es gibt keine „Ausnahmen". Ausnahmen entstehen dadurch, daß man gewisse Ursachen nicht erschauen kann, obwohl sie vorhanden sind! Eine Ausnahme ist eben einer, dessen Ursache man nicht kennt!

*

Es gibt nur eine Wahrheit, unter verschiedenen Namen. Siede alle Religionen, alle Philosophien der Welt in einem Weisheitskessel aus, und es bleibt ein allgemeingültiger gleicher Extrakt übrig!

*

Jeder bedauert seine weisen Erkenntnisse. Wahrscheinlich sind sie eben weder genug weise noch genug Erkenntnisse!

*

Banting war ein Kaufherr, Ludwig Kornaro ebenfalls, Schroth war ein Bauer, Prießnitz ebenfalls, Fletscher ist ein Millionär und Altenberg ist ein Dichter. Aber die Ärzte sind — — — Ärzte!

*

Es gibt zwei Dinge, an denen man, bei völliger leiblicher Gesundheit, zugrunde gehen kann; unglückliche Liebe, Eifersucht und Geldkalamitäten. Das sind ja schon drei Dinge. Es wird also jedenfalls noch mehr geben.

*

Anklagen erheben gegen die verbrecherische Stupidität in Sanatorien ist zwecklos. Die Ärzte verstehen nichts, und die Pfleger sind Leute, die ihren Beruf als Fleischer und Gefängniswärter verfehlt haben! Ich erkläre jeden Menschen, der in gutgemeinter Absicht einen lieben Verwandten usw. usw. einem Sanatorium zur Pflege überantwortet, für einen wissentlichen Meuchelmörder! Nein, für ein Rindvieh erster Klasse! Ihr Leitmotiv ist: „Sollen die Ärzte ihr Leid an ihm erleben! Ich kann keine Rätsel auflösen, er sagt, er könne ohne die Anna absolut nicht leben! Kann man ohne eine Anna nicht leben, wenn ein geliebter?! Vater dagegen ist?! Marsch, ins Sanatorium! Dort wird man dir ‚die Anna' schon austreiben!"

*

Nichts ist leichter, als erkannte Wahrheiten predigen. Aber sie nicht zu predigen ist eine feige Gemeinheit!

*

Wüste, Steppe, Sümpfe in gesundes Ackerland verwandeln! Aber einige Hypokriten weinen um die verlorengehende Romantik dieser Gegenden!

*

„Sie wollen nicht essen, mein Herr, weil Sie verzweifelt sind, melancholisch sind, der Nahrung nicht bedürfen?! Na, wo ist denn der Gummischlauch, durch die Nase in den Magen?! Da wird Ihnen die Verzweiflung schon vergehen, bei einer anderen!"

*

Es gibt Pfleger, die „Bauchredner" sind, und daher jedem Unglückseligen das „fremde Stimmen hören" beibringen können! Ob sie von den „Beteiligten" dafür bezahlt sind, weiß man nicht!

*

Gebt ihnen nicht das Wissen! Gebt ihnen den Glauben an das Wissen! Siehe, das kann man aber eben nur den Gläubigen! Denn in ihren Herzen ist bereits das Wissen, wenn es auch noch nicht ins Gehirn hinaufgedrungen ist. Sie wissen, mit ihrem gläubigen Herzen! Aber die, so weder mit dem Herzen noch mit dem Gehirne wissend werden können — — — sie sollen unerlöst bleiben ewiglich und verdammt — — — zu innerer Unrast, Unfreiheit und Bösartigkeit!

*

„Mein Herr, es ist leichter zu predigen, als es besser zu machen!" „Ja, aber es schlechter machen und das Bessere nicht einmal zu predigen, das ist eine Infamie!"

*

Arzt sein heißt, die **Natur** in ihren genial weisen Plänen unterstützen und es **verhindern**, daß man ihre geheimnisvolle Rekonstruktionsarbeit **störe**! Unterstützungen der Natur sind: Restloser Schlaf bei **weitgeöffneten** Fenstern mit Ohropax (Watte-Wachs-Kugeln) in den Ohren. Rhamnin (Cortex Rhamni Frangulae) ein Eßlöffel vor dem Frühstück. Bestäuben der ganzen Haut mit Eau de Cologne oder Menthol-Franzbranntwein vermittels einer **großen** Parfümspritze, Vermeidung **jeglichen** Ärgers (Krebs der Seele, es frißt weg!). Leichtest verdauliche Nahrung: Weichgekochter Karolinenreis, Gervais mit Salz, **junger** Camembert **mit Salz**, harte Eidotter mit Salz, Joghurt, saures Oberes, Pularde, Chapon de Styrie, Sterlett, Branzino, Spinat.

*

Nicht trinken dürfen, wenn man **durstig** ist, gehört zu den scheußlichsten ärztlichen Verordnungen. Freilich kannst du den Durst mit fünf Eßlöffel voll Wasser oft **löschen**!

*

Suppe **verdünnt** den Magensaft. Mehr braucht man darüber nicht zu sagen!

*

Die meisten **Bedürfnisse** sind nur **Ungezogenheiten**!

*

Kopiös frühstücken heißt, die im Schlafe gewonnenen Lebensenergien sofort für die Verarbeitung völlig überflüssiger Nahrung verschwenden! Das Frühstück hat ein Kultivierter nur zu markieren!

*

Schlafmittel müssen restlos ausgeschlafen werden! Sonst wenden sie sich gegen den Organismus. Bei Schlafmitteln zu einer bestimmten Zeit geweckt werden ist ein heimtückischer Nervenmord! Siehe: Sanatorien mit gemeinsamen Schlafräumen!

*

Schöne Frauen, seid nackt unter euren Kleidern! Dieses Reizmittel ist von der Hygiene geheiligt! Keine Strümpfe, seidene Socken! Keine Höschen! Der nicht abgehärtete Mensch ist noch kein Mensch!

*

„Hast du mich denn aber wirklich auch ein bißchen lieb, Anna?!"
„Liebster, wie könnte ich denn sonst die vielen schönen teuren Geschenke von dir annehmen?!"

*

Eine kultivierte Frau sein heißt ganz einfach, die Milliarde unserer Lebensenergien noch um eine Milliarde vermehren!

*

Dies, siehe, ist vom Teufel: Rohe Eidotter sind gesund, aber fad!
Wie kann etwas fad sein, das gesund ist?!
Gesundheit ist das größte Amüsement!

*

Wenn ihr **wüßtet**, wie spielend leicht der **heilige Magensaft püreeförmige** Speisen durchdringt und verarbeitet, verdaut, und wie mühselig **feste Stückchen** — — — wenn ihr es **wüßtet**! Aber ihr wißt nichts, zu eurem **Verderben**!

*

„Ich hab noch an guten Magen!"
Noch!

*

Die **Geschmacksnerven** müssen durch die **Intelligenz** ersetzt werden! Die meisten essen nach ihrem Geschmack!

*

Wir sollten nicht so sehr **lang leben** als **kurz** sterben wollen!

*

Unsere „**Apparate**" haben eine himmlische Nachsicht. Sie verzeihen uns jahrelang alle unsere Infamien, Unanständigkeiten, Stupiditäten, die wir begehen. Aber endlich remonstrieren sie — — — mit **Krankheit**! Da sollten wir doch endlich weise aufmerksam werden! **Nein**, wir rennen zum **Arzt**!

*

Später ist zu spät!

*

Stoff wechseln! Aber nicht nur **außen**, Batisthemd und seidene Socken, sondern **innen, innen**! Die innere Wäsche wird gewaschen durch „**Verbrennen mit Sauerstoff und Purgieren**"! Ihr aber: außen **hui**, innen **pfui**!

*

Ich sehe eine Säuferleber und saufe dennoch!
Ich sehe eine dicke Frau und heirate dennoch!

*

Vom Geist, von der Seele aus wollt ihr repariert werden?!? Nein, die Maschinerie muß repariert werden! Man denkt anders, man empfindet anders nach Bohnenpüree wie nach Bohnen mit der Schale!

*

Man sollte jede ungezogene, lieblose, hartherzige Frau fragen, was sie denn am Abend vorher supiert habe?! Sagt sie: „Bries mit Spinat," dann bist du verloren! Gib jede Hoffnung auf! Aber sagt sie: „G'selchtes mit Knödel", dann rate ihr zu: „Bries mit Spinat!" Ein letzter Versuch!

*

Ich kann mir leider auf nichts mehr einbilden, seitdem diese dummen alten Griechen das Wort geprägt haben: „Mens sana in corpore sano!" Und außerdem waren es sogar Lateiner!

*

Iß schön deine Suppe! ist genial-richtig gesagt. Denn die Suppe muß die Konsistenz einer dickflüssigen Speise haben, sonst verdünnt sie dir nur deinen wertvollen Magensaft, den du doch, wie du nicht weißt, zu Wichtigerem brauchst!

*

Auch „Arteriosklerose" kann man für zwanzig Jahre besiegen, wenn man rechtzeitig weiß, daß man sie hat! Nur „nicht wissen wollen", ist eine irreparable Sünde!

*

Sich wiederholen?! Ja, man wiederhole: 2 und 3 macht 5!

*

Napoleon I. soll von einer wunderschönen Frau, die ihn fast mystisch verehrte, gesagt haben: „Qu'elle se déshabille!" Es gibt aber entgegengesetzte Naturen, die in einem solchen Falle mit ebensolcher Berechtigung sagen könnten: „Qu'elle ne se déshabille pas!"

*

„Wann soll man also eigentlich essen, Herr von Altenberg, nach Ihrer Ansicht?!" Erstens lassen Sie das „von" aus, zweitens ist es nicht meine Ansicht, sondern die der Natur selbst, und drittens: Bis dir der Gedanke an eine alte Brotrinde das Wasser im Munde sozusagen zusammenlaufen macht!
„Herr von Altenberg, ist es in ‚sexuellen Dingen' vielleicht ebenso?!?" „Ja, ganz ebenso!"

*

Der Sokrates hat den „Giftbecher leeren" müssen wegen seiner Ansichten über das Leben, mich laden sie wegen meiner Ansichten zu „Champagner" ein. Jedenfalls eine angenehmere, wenn auch langwierigere Todesart!

*

Eine schreckliche und gefährliche Erkrankung für junge Mädchen ist: Ewige Dezentralisation durch „Amüsements". Da kann sich nämlich nichts im Innern langsam organisieren, wenn man es immer durch Äußeres stört oder unterbricht! Mütter sind daher schamlose Verbrecherinnen, die darüber erfreut sind, daß ihr Töchterchen immer erfreut ist! „Sie ist kopfhängerisch" würde natürlich bedeuten: „Sie ist wertvoll!" „Sie ist lustig" bedeutet natürlich: „Sie ist flach und wertlos!" Wollt ihr nicht endlich, Betrüger und Selbstbetrüger, diese verlogenen Ausdrücke: „Liebe", „Freundschaft" durch die heiligen Worte ersetzen: „Weise Erkenntnis"?! Niemandem nämlich kannst du nützen wie durch weise Erkenntnis seiner Bedürfnisse! Mutterliebe, die das geliebte Töchterchen aus dem heiligen wertvollen, ja unentbehrlichen Morgenschlaf in das Leben hineinzerrt, ist Mutterhaß! Mütter maßen sich Erziehungsintelligenz an, weil sie konzipiert und geboren haben, zwei Vorgänge, die mit dem „Geist" nichts gemeinsam haben!

*

Vom „Geist" aus müßt ihr göttlich werden können, das heißt gerecht, gütig und wahrhaftig, ihr Lügetiere! Es gibt keinen Ehrentitel: Mama, man muß sich ihn erst redlich verdienen!

*

Melancholiker (und welcher Kranke wäre keiner?!) in Sanatorien, wo man sowieso in gedrücktester, verzweifelter Stimmung sich befindet, zu normaler Nahrung und Einhaltung von Speisestunden zu zwingen, zumal mit Androhung künstlicher Ernährung durch den Nasenschlauch, ist eine verbrecherische Stupidität, die überall im sogenannten aufgeklärten Europa, inmitten der Kontrolle?! der bürgerlichen Gesellschaft ausgeübt wird, die sich über sibirische Gefängnisse jedoch angenehm skandalisiert! Pfui Teufel! Ihr jesuitischen Feiglinge!

Melancholisch Bedrückte, Stoffwechsel-Verlangsamte, Brütende, Trauernde kommen mit einem Minimum von einem Minimum von Nahrung aus (drei Gläser Joghurt, drei rohe Eidotter mit Salz in Suppe gesprudelt, Milchkaffee, Biskuit). Das Wort „essen" ist in Mostschädel, Idiotengehirne eingenistet, aber das Wort „verdauen" begreifen sie nicht! Denn sie verdauen tatsächlich alles, was sie fressen, diese Gesundheitsviecher! Und gerade diese Untiere sollen die Abnormalen, die Kranken, verstehen?!? Die Kranken sollten die Gesunden internieren, damit diese an ihnen keine Gemeinheiten begehen können! Ich sah einen vormittags Bratwürstchen mit Rotkraut verzehren, infolgedessen gab ich den Verkehr sogleich mit ihm auf. Da kann nichts Gutes herauskommen, bei dieser verbrecherischen Lebensführung!

*

Wenn ich die Leute in den Sanatorien so Revue passieren lasse — — — lauter nette, feine, gescheite, ruhige, anständige Menschen! Was macht es, daß sich einer für einen Kaiser hält und eine für eine Fürstin?! Alle sind ganz normal, bis auf eine kleine, unscheinbare, fixe Idee. Aber draußen, draußen im Leben, da ist ein jeder voll von fixen Ideen! Der eine hat Ehrgeiz, wozu, weshalb?! Der andere will von einer geliebt werden, die ihn nicht ausstehen kann. Einer stirbt vor Eifersucht wegen einer, die es nicht einmal verdiente, daß man sich ihren Namen, viel weniger ihre

Adresse merke. Einer hofft, ewig begehrenswert zu bleiben; eine, ewig taufrisch! Einer glaubt etwas zu sein, weil eine, die nichts ist und noch weniger, auf ihn „fliegt"! Einer läßt sich ein hellblaues Samtgilet machen mit grünen Glasknöpfen. Einer zahlt einer ein Kalbsfilet mit Spargelspitzen und ist überzeugt, bei ihr eine Eroberung gemacht zu haben. Ein anderer zahlt noch mehr und ist noch überzeugter! Die begehrten Frauen fühlen sich wie in einem Irrenhaus. Nur die begehrenden Männer nicht. Die sind zu borniert dazu. Die nehmen alles ernst. Eine junge Dame sagte zu mir: „Daß wir die Männer brauchen, das begreife ich! Als idiotische Wurzen! Aber wozu sie uns brauchen, das kann ich nicht begreifen!"

*

Lukullus-Diner: Soupe Crême d'orge; Asperges de Eibenschitz et Pudmeritz; Bries gratiné sauce Parmesan; Zanderfilets, sauce pomo d'oro salée; Crême de framboises; poires bonne femme; Gervais, Camembert, Roquefort, Chester; Café au lait; Kurfürstlicher Magenbitter „Danziger Lachs"; das Recht, seiner schönen Nachbarin, vom servierten Kaffee an, ganz sachte und zart die Hand auf ihr Knie legen zu dürfen!

*

Eine angezogene Frau hasse ich wegen ihrer Kompliziertheit, und eine ausgezogene wegen ihrer Primitivität! Wenn man einmal eine angezogene Frau fände, die man sich nicht ausgezogen wünschte, und eine ausgezogene, die man sich nicht angezogen wünschte! — — — Das wäre das Glück!

*

„Herr Peter, was spricht man denn stundenlang mit dieser Person, ein so intelligenter Mensch, was Sie sind?!?"

„Dasselbe, was man mit der Antilope spricht, der Gazelle und dem Kolibri! Man bewundert sie!"

„Langweilen Sie sich nie mit ihr?!"

„Nein, sie mit mir!"

*

Wenn ich sogar mit Beethoven beisammen sitze, so schaue ich doch unwillkürlich, ob er kurzgeschnittene ganz reine Fingernägel habe! Später erst sage ich mir beschwichtigend, er habe die IX. Symphonie gedichtet.

*

Eine Frau muß absolut einen nach süßen Mandeln duftenden Atem haben! Diese Tragödie müßte man einmal schreiben, wo eine Frau sämtliche herrlich tiefen Eigenschaften einer wertvollsten Frau habe, und nur einen unidealen, wenn auch noch nicht ganz schlechten, Atem! Aber dazu sind unsere Dichter zu wenig — — Dichter! Die halten noch bei den Komplikationen der Seele, ha ha ha ha!

*

Treue ist ein Wort, das die Männer wegen bequemer Selbsttäuschung und die Frauen wegen Geld erfunden haben!

*

Nur die sehnen sich nach dem Unbewußten zurück, denen das Bewußtsein nur die Erkenntnis gebracht hat, daß sie Esel waren und geblieben sind!

*

Beweis für „begehrenswert" sein, ist nur, wenn man mit einer bestimmten Dame lieber als allein in die „Meistersinger" ginge, lieber mit ihr als allein eine Dolomitentur machte, lieber mit ihr als allein sein Geld ausgeben möchte! Die anderen Anzeichen von „begehrenswert" sind ungültig!

*

Deine allererste Enttäuschung an einer geliebten Frau sei auch immer sogleich deine allerletzte! Glaube ja nicht an Zufälligkeiten! Sie ist stets ein wohlgeordnetes logisches Mistvieh!

ERLEBNIS

Der Dichter an das wunderschöne Mädchen Eva Fåren im „Grand Gala", Weihburggasse:

„Sie sagten den ganzen Abend zu mir: ‚Herr Professor'. Ja, ich bin einer. Ich lehre die Menschen nämlich seit siebzehn Jahren in meinen Büchern immer dasselbe: Seele zu bekommen! Aber die meisten bekommen nie eine. Es gibt so viele unaufmerksame und untalentierte Schüler in meiner „Klasse der Menschheit". So wie in jedem Gymnasium. Nur wenige machen einem Freude, einige plappern mechanisch nach. Aber deshalb muß man dennoch es ununterbrochen versuchen, ihnen eine Seele, wenn auch sehr allmählich, beizubringen, selbst sogar, wenn sie eine solche unbequeme gar nicht besitzen wollen, und sogar es glauben, daß es sie in ihrer sonstigen ernsten Beschäftigung empfindlich störe! Ihnen freilich, allerzarteste Persönlichkeit, allerlieblichste

Schönheit, braucht man nichts mehr beizubringen! Sie haben die Seele vom Schicksal mitbekommen, diesen **Leitstern** in den **Wirrsalen** eines schönen Frauenlebens! Alles, alles an Ihnen ist eigentlich nichts anderes wie „**verkörperte Seele**"; Seele, die **ein Obdach gefunden hat** in einer zarten Hülle! Alles an Ihnen ist zart, fein, **nobel**, unirdisch; jede Ihrer Handbewegungen, Ihrer gebrechlichen Finger, jeder Blick Ihrer Augen, der Timbre Ihrer ausländischen Stimme und die kindlich-edle Art Ihres Tanzens! Sie können, Sie wollen niemanden kränken; und wenn Sie es tun, tut es Ihnen sogleich unbedingt wieder schrecklich leid. Sollten Sie mir jedoch erwidern, daß ich mich leider irre, und daß Sie die Männer nur aussackeln und ausnützen wollen, so werde ich, ohne zu zögern, es Ihnen ins Gesicht sagen: ,Ja, aber **nur die, die kein anderes Schicksal verdienen**!'"

NESTER

Jeder Vogel hat **sein Nest**, ihm **eigentümlich** und von allen anderen **unterschieden**. Man erkennt es im Wald **von weitem**, sagt, hier wohnt eine Meise, hier ein Stieglitz, hier ein Nußhäher, hier ein Rotkehlchen, hier ein Dorndreher, hier eine Amsel! Aber bei den Menschen sagt man: „Das hat ihm Herr A. L. eingerichtet!" Oder Herr H. oder Herr B.! Habt ihr denn keine Nestinstinkte mehr, Menschen, also keine **Nestgenialitäten** mehr?! Habt ihr keine Lieblingstapete, kein Lieblingsholz, keine Lieblingsfarbe?! Dann, dann **schämt euch** vor den Vögeln des Waldes, die zu ihrem heiligen, praktischen und idealen Nestbau keines modernen Architekten bedürfen!

ENTDECKEN

„Heute besuchte mich um fünf Uhr abends im Café die ‚vollkommenste Frau' dieser Erde! Fräulein G. L."

„O, die habe ich schon zwei Jahre vor dir auf dem Lido, Hotel Exzelsior, entdeckt. Bilde dir also darauf nur nichts ein!"

„Entdeckt, entdeckt?! Wie hast du das bewerkstelligt?! Worin hat sich dein Entdecken geäußert?!?"

„Geäußert?! Es hat sich ganz einfach darin geäußert, daß ich sie gesehen habe, in ihrem seidenen Badetrikot mit dem roten Lackgürtel, und entzückt war über ihre Vollkommenheit!"

„Das also heißt du: entdecken!? Du hast es bei dir behalten, hast deine Begeisterung hinuntergeschluckt, die andern absichtlich nichts davon merken lassen, vor allem jene Frau nicht, mit der dich zu verhalten dein elender feiger Selbsterhaltungstrieb dich zwingt! Du hast nichts für diese entdeckte Vollkommenheit getan, hast schief weggeschaut von dieser Pracht, die dir deine armseligen Kreise nur stören könnte! Weißt du, was das heißt: entdecken?!? Entdecken heißt ein Tamtam schlagen für eine, daß alle unbedingt aufhorchen müssen; es heißt: sich für sie einsetzen, so daß alle andern bleich werden, krank und giftigbösartig; schreien, weinen und dichten, alle andern verleugnen, demütigen, auslöschen und vernichten! Das heißt: Eine Besondere, Einzigartige, Vollkommene entdecken!"

„Peter, du bist der Ausrufer in der Praterbude des Lebens! Dazu gibt sich nicht ein jeder her. Es ist ein Beruf wie ein anderer. Aber die Nerven muß man dazu haben. Du hast sie!"

„Es heißt, die Blinden sehend machen, die Tauben aufhorchend, die Stumpfen fühlend, die Geizigen verschwenderisch! Es heißt, es unbedingt riskieren, daß diese entdeckte Göttin sich denen zuwende, die ohne dich sie nie, nie „erkannt" hätten. Es heißt, dich von ihr allzubald mißhandelt und beiseite gestellt zu sehen, diese einzige Dankbarkeit, die die Entdeckte dir zu spenden hat! Entdeckerschicksal haben, schmähliches, das heißt: entdecken!"

ST. D.

Er wußte, daß ihr brauner Leib
(er liebte jedes Härchen ihrer dunklen Achselhöhlen, die er ein einziges Mal bei ausgestrecktem Arm und weiten Seidenärmeln erblickt hatte),
er wußte, daß ihr brauner Leib
in Zärtlichkeiten triefte bei dem andern.
Dies nahm er als unabwendbares Geschick,
wie Verarmung, Krankheit, Sterben.
Ja, es erzeugte sogar der süßen Selbstlosigkeit
bittere Wollust.
Er war gewappnet, stand, ein düsterer Ritter, an den schweren Toren ihrer leichten Seele.

Doch als sie dem dritten aus seinem Wermutglase
den Zwiebackbrocken mit den Fingern fischte,
und jener den so geheiligten Wein ihr zutrank,
da wurde er entwaffnet, zog sich zurück von seinem
gefahrvollen Posten am schweren Tore ihrer leichten
Seele,
ging langsam die weiße Landstraße hinab, und seine
Schritte zogen müd dahin.

VERGNÜGUNGSLOKAL

Im „Tabarin" gaben die Herren an Blumen aus
für das Fräulein Paula:
Lila gefüllte Nelken: 20 Kronen.
Ceriserote Rosenknospen: 30 Kronen.
Mimosa pudica, Büsche: 10 Kronen.
Weiß-grüne Schneeballen, Büsche: 10 Kronen.
„Der Diener soll mir's ins Auto nachtragen, gib
ihm 3 Kronen! Aber vorn, daß die Leut es sehn!"
Am nächsten Morgen sagte das aschblonde wunderbare siebzehnjährige Küchenmädchen zu mir: „Schnee-
glöckerln gibt's schon, Jessas, wie bei uns in ‚Stein-
haus', beim Waldsumpf, aber teuer sein's noch,
30 Heller das Büscherl!"

MOULIN ROUGE, „VENEDIG IN WIEN"

Lieber Baron!
Ich verdanke Ihnen eine reizende friedvolle „Drah-
nacht" mit zwei ausgezeichneten vornehmen, überaus

menschlich feinen Amerikanerinnen, Tänzerinnen. Sie haben mir in selbstlosester Art die ganze „Regie des Abends" überlassen, und ich hoffe, daß es Sie nicht mehr gekostet hat, als das Vergnügen Ihnen wert war. Besonders die Fahrt des Morgens in den Donauauen war märchenhaft! Die Damen waren unbedingt zufrieden in unserer Gesellschaft, und nirgends befand sich ein „trüber Beigeschmack", der doch überall leicht durch ein „Nichts von einem Nichts" sonst entstehen könnte!? Es gibt so viele Taktlosigkeiten, unbewußte, zwischen fremden Charakteren! **Niemand ahnt es eigentlich, wie häufig er verletzt!**

Ich habe in dieser schönen Nacht das Wort geprägt: „**Die ‚Regie der Liebe' ist wichtiger als die Liebe selbst!**" Freilich kostete es Ihr Geld und nicht das meine! Da kann ich leicht Aphorismen von mir geben — — —. Es gibt keine „Sympathien" auf der „**Bühne des Lebens**", wenn man sie nicht als „**geschicktester Regisseur seines eigenen Herzens**" richtig, künstlerisch, taktvoll **in Szene setzt**!!! Eine jede Frau erwartet „geschickteste Mise en scène!" **Wer seinem eigenen Empfinden allein folgt**, vergißt, daß der andere dadurch vielleicht nur in große Verlegenheit, in eigentümliche Mißstimmung gebracht wird — — —. Selbst eine „dargebrachte Rose" will ihre „zarteste Regie" haben, um zu wirken! Die Art, der Moment der Übergabe, hundert Dinge sind dabei zu berücksichtigen! Ein „**Regisseur seiner selbst**" sein ist alles! Eine „dargebrachte Rose" kann das echteste Zeugnis eines tief impressionierten Herzens sein! Aber, schlecht und ungeschickt gemanaged, wird sie zu einer banalen, billigen und konventionellen Liebenswürdigkeit! Dieser Abend, diese Nacht also, dieser Morgen in den Donauauen, mit der blutroten Sonne, der breiten stillen Donau, dem Morgendunst über den gelben Grasbüscheln, den rosenroten Gesträuchen, den grauen, gelben, roten, braunen Kieselfeldern von abgerundeten, gleichsam von ewigem Wasser abgeschliffenen Kieseln — — — alles das war wundervoll! Nur das eine störte, daß im Laufe der so schönen friedvollen Stunden ich mich immer intensiver für Ihre Dame, Sie sich immer intensiver für meine Dame zu interessieren begannen — — —. Als wir jedoch beide Damen bei ihrer Wohnung abgesetzt hatten und nun allein der Stadt zufuhren, fühlten wir es: Wäre deine Dame meine Dame und meine Dame deine Dame gewesen, so würden dieselben Empfindungen sich entwickelt haben! Also war die Regie ja doch vorzüglich, denn immer fliegt einer auf die Dame des anderen! Sonst wär's ja gar zu fad!

KARRIERE

Der Herr Redaktionsphotograph, der zwei Wände meines Zimmers aufnehmen sollte, weil „die großen europäischen Illustrierten" es ihren gierigen Lesern zeigen wollten, wie P. A. haust, sagte: „Ich möchte auch ein Stück Ihres Schreibtisches dazu aufnehmen." — „Ganz unnötig, denn erstens habe ich keinen, zweitens schreibe ich alles im Bett. Nehmen Sie ein Stück von dem Bett auf dazu!" — Ich sagte: „Wie wird man eigentlich Redaktionsphotograph?!

Ich weiß nur, wie man Dichter wird. Man ist eine Schande seiner gütigen Eltern, ist Jurist, Mediziner, Buchhändler und dann gar nichts mehr. Aber wie wird man Redaktionsphotograph?!"

Der Mann legte die Stirne in düstere Falten, ich habe das zwar noch nie und auch diesmal nicht beobachtet, aber nachdem es in Romanen steht, und begann: „Ich hatte eine Stimme, Baß, Bariton und Tenor zugleich!"

„Muß man das haben, wenn man Redaktionsphotograph werden will?!"

„Ich hatte eine Stimme! Operndirektor Herbeck, der unerkannt unter den Zuhörern saß, trat auf mich zu und sagte: ‚Morgen gehen S' zum Gänsbacher, singen dasselbe, er wird Sie unterrichten, zu zahlen ist nichts!' Ich wußte weder, wer Herbeck, noch wer Gänsbacher war. Nur mein Vater weinte Freudentränen, und meine Mutter sagte: ‚Ich hab's ja immer gefühlt!' (Es ist der Beruf der Mütter, alles vorauszufühlen, wenn etwas hinterdrein geschieht, und der Väter eisige Strenge zerschmilzt in heißen und diskreten Tränen, wenn sich irgendwie ein ‚Fortkommen' zeigt.) Gänsbacher sagte zu mir: ‚Sie Teufelskerl!' Nach der siebzehnten Stunde machte ich einen Ausflug nach Laxenburg, und wie ich, vom Rudern erhitzt, im Kahn niese, kommt ein Luftzug, und ich verlier meine Stimme. Am nächsten Tage sagt der Gänsbacher zu mir: ‚Pfiert Ihnen Gott und kommen S' mir nimmer wieder. Sie san futsch!' Meine Mutter sagte, sie habe alles vorausgeahnt, und mein Vater sagte: ‚Der Leichtsinn liegt dir im Blute!' No, so bin i halt Redaktionsphotograph geworden. Und glauben Sie mir, ich bin ebenso glücklich wie bei dem dalkerten Singen!"

VEREIN NATURSCHUTZPARK

Ich begreife es nicht, wieso nicht alle, alle Menschen sich leidenschaftlich beteiligen an gewissen Gesellschaften, ja, es als eine Ehre, eine Pflicht betrachten, sich daran zu beteiligen mit ein paar Kronen und ihren Namen prangen zu sehen unter den Unterstützern!? Da ist vor allem der Verein zum Schutz mißhandelter Kinder und jetzt neuerdings der Verein zum Schutz mißhandelter Natur, der Verein Naturschutzpark! Ich hatte meine ganze Kindheit hindurch sechs Wiesen: die Bodenwiese am Gahns mit ihren schokoladeduftenden lila Kohlröserln, die Apollowiese mit Scharen von Apollofaltern, die Lawendelwiese mit Eau-de-Cologne-Düften, die Königskerzenwiese, die Lakabodenwiese mit Erdbeeren, die Ochsenbodenwiese auf dem Schneeberg. Diese sechs Wiesen liebte ich und kannte sie daher genau. Oder vielmehr, weil ich sie genau kannte, liebte ich sie. Es ist genau wie mit den Frauen, nur umgekehrt: weil man sie genau kennt, liebt man sie nicht mehr. Jede Gegend hat irgendwo eine Seele, das heißt: Strecken, wo ihr ganzer Reiz konzentriert ist, zum Beispiel die Dolomiten in Tre croce. Diese Seele einer jeden Gegend soll man schützen als ihr Wertvollstes! Ebenso Kinder, die noch nicht gemein sind, als die Seele des Menschentums! Schöne Wege soll man mit feinstem Sand bestreuen und prima Wasserspritzwagen zirkulieren lassen! Es soll eine Sache der innern Kultur werden, solchen Vereinen als Mitglied anzugehören, so wie man im Besitze einer besten Zahnbürste und einer Nagelzwicke sein muß. Es gehöre zur innern Reinlichkeit, auf die die Herrschaften weniger Gewicht legen! ,,Mein Badezimmer stößt direkt an mein Schlafzimmer," sagte einer dieser Snobs zu mir. ,,So!" erwiderte ich, ,,sind Sie schon im Verein Naturschutzpark?!" ,,Was geht mich der an?!" ,,Wenn nur Ihre äußere Hülle rein ist, Sie Schwein!"

MIMIKERINNEN

Mimik ist die Fähigkeit zu sprechen, ohne Worte dazu zu verwenden. Solche edle Mimikerinnen sind Elsa und Berta Wiesenthal. Sie sprechen zu uns unter Musikbegleitung sanfte, tiefe, kindliche, besondere Worte, ohne dabei zu reden. Eine Mama versteht das romantische Lallen ihres geliebten Wiegenkindchens, ein Jäger den Blick seines Hundes, ein Liebender das Schweigen seines Mädchens! Schon seinerzeit in der ,,Kunstschau", in der Pantomime von Oskar Wilde ,,Der Geburtstag der Infantin", überraschte Elsa Wiesenthal durch edle Würde, durch das Ausdrücken von allem, was der Dichter meinte, in Gebärde, im Blicken! Sie hat alles diesmal gehalten, was sie versprochen hatte, besonders in ,,Violettapolka", ,,Türkischer Marsch", ,,Faustwalzer". Berta ist wie ein getreuer Knappe seiner edlen wunderschönen Herrin. Die Kostüme waren sehr gut. Im ,,Faustwalzer" flogen eigentlich zwei herrliche weiße seidene Schmetterlinge! Wir haben bisher von Tänzerinnen folgende bemerkenswerte Typen gesehen: Cleo de Mérode, die ewige Jugend, Saharet, die Akrobatin, Ruth St. Denis, die Indierin, Carmen Aguileras, ganz Spanien, Maria Maraviglia, die Anmut, Grete Wiesenthal, der „modernste Typus", Elsa und Berta, die Mimikerinnen, Esthère Vignon, das Genie!

ALBERT

Ich erhielt eine Krone, 1893, deren Kopfseite poliert war und den Namen „Albert" eingraviert hatte. Ich fühlte es sogleich, daß Dichter die Verpflichtung hätten, in einem solchen aparten Fall ihre Phantasie „schweifen" zu lassen. Jedenfalls hatte eine „Sie" die durch irgendeine uns unbekannte Begebenheit geweihte Krone, vielleicht die erste gespendete oder die letzte, so transformieren lassen, und in einem Augenblick materieller Not oder aus Haß, Eifersucht, Verzweiflung, Verachtung oder dergleichen sie eines Tages wieder ins Rollen gebracht, ins Leben hinein, bis endlich, 1914, zu mir.

Ich hielt sie lange in Ehren, und Maeterlinck hätte daraus längst einen Einakter gemacht: Krone 1893. Aber als der Lohndiener Anton die Bezahlung der Zigaretten verlangte und ich sagte, ich hätte momentan nichts flüssig, wies er auf diese auf dem Schreibtisch liegende Krone 1893 und sagte: „Da haben wir ja noch eine!" — „Sie ist ungültig!" sagte ich, „schauen Sie!" — „Dös wer'n mer schon machen, da verlassen's Ihnen auf meine Geschicklichkeit, dös blöde Wort ‚Albert' wird kaner sehn!" Und so verschwand die Krone 1893 aus meinem Besitze und begann wieder ihren Kurs in die Welt hinein, den ich in einer Anwandlung von „falscher Romantik" eine Zeitlang aufgehalten hatte — — —.

MEIN BRUDER

Es wäre abgeschmackt, über einen leiblichen Bruder eine Hymne zu schreiben. Aber da er außerdem ein „Lebenskünstler" ist feinster Art, so schreibe ich dennoch über ihn, trotz der nahen Verwandtschaft. Seine „Bedürfnislosigkeit" gemahnt an Diogenes, obzwar er nicht in einer Tonne, sondern Alserstraße 51 wohnt. Ich schickte ihm einmal, in einer pathologischen Anwandlung von Bruderliebe, hundert Stück seiner Lieblingszigaretten: Hanum, Korkmundstück. Wir sind alle für „Korkmundstück", da „trocken zu rauchen" eine Aufgabe des modernen kultivierten Menschen ist. Alles darf naß sein, nur nicht die Zigarette. Zu Ende geraucht, muß sie so trocken sein wie anfangs in der Schachtel, nur natürlich verkürzter um das, was man weggeraucht hat!

Also, ich schickte meinem Bruder hundert Stück „Hanum" mit Korkmundstück. Am nächsten Tage sagte er zu mir: „Denke dir, welches Malheur mir passieren mußte mit deinen Zigaretten! Ich saß beim Frühstück, machte einige Züge, und deine Zigarette fiel mir in die Teeschale hinein!" „Nun," sagte ich, „du hattest doch noch eine ganze Schachtel voll vor dir stehen!?" „Pardon," erwiderte er, „die sind bereits für neunundneunzig herrliche Frühstücksmorgen eingeteilt!" Ich hatte keine Tränen im Auge, da ich für solche Marlitt-Utensilien nicht eingerichtet bin. Aber ich hatte sie in der Seele, und vor allem gedachte ich aller verschwenderischen und idiotischen Schurken, die es um mich herum gibt — — —!

LIEBE

Er liebte sie irrsinnig und vergeblich. Man liebt immer nur irrsinnig, wenn es vergeblich ist! Dann wurde sie sehr, sehr krank. Da sagte sie zu ihm: „Ich habe Mitleid mit Ihnen. Ich will mich vor Ihnen noch nackter zeigen als nackt!" Und sie entrollte ein großes Blatt Papier, auf dem ihr „Röntgenbild" photographiert war. „O, dieses grazile Knochengerüstchen!" sagte er entzückt. „Aber bitte nun um den einzigen Gefallen, zeigen Sie es ja nicht dem Herrn — —; das will ich wenigstens vor dem Hund voraus haben!"

DER LUXUS VON HEUTE UND SEINE ÜBERTREIBUNGEN
Eine Rundfrage der „Zeit"

Ich hasse und verachte den Luxus, wie alles hygienisch Unnötige. Ob wir heutzutage den Luxus forcieren? Wir nicht! Die Idioten! Die Übertreibungen des Luxus äußern sich in allem, was nicht unbedingt und direkt zur Gesundheit des Leibes gehört. Der Luxus ist eine „fixe Idee", eine „Hysterie" von Halbgebildeten und hohlen Emporgekommenen, also gänzlich Heruntergekommenen! Ich sehe in dem Luxus: Sodom und Gomorrha! Wo Luxus am Platze ist? In bezug auf: Hygiene und Diätetik!

MEINE SCHWESTER

„So, jetzt ist also der Mann auch tot, der allein mich noch an dem Leben festhielt. Er brauchte mich, der Mann mit den vielen geliebten Silberhaaren, dieser Jüngling von fünfundachtzig Jahren.
Ich wußte es nie, daß ich mit einem Greis zusammen wohnte.
Nie spürte man ihn, nie.
Nur, wenn man lange weg war, Besuch oder Theater, sagte er: „Gott sei Dank!, daß du wieder da bist!" Er rechtete nie mit dem Schicksal, sondern las emsig „Quatre vingt treize" von Viktor Hugo. Nun ist er schlafen gegangen, hinterläßt mir die Gesammelten Werke von Viktor Hugo in Prachtlederband und ein ewiges Gedenken an seine Güte. Es gibt so wenig ganz wirklich gute Menschen, und einer derselben ist dahingegangen! Ich habe noch zwei Brüder und eine Schwester. Wenn ich Krankenpflegerin geworden wäre seinerzeit, als ich zum erstenmal die Niedertracht der Menschen erlitt, könnte ich sagen, ich besäße noch alle, alle Menschen, die meiner bedürfen! So aber wird der kleine Kreis immer kleiner und kleiner. Mein Bruder rät mir, mir japanische Goldflossen-Schleierfische anzuschaffen in einer Kristallwanne, ferner einen Star und Smaragdeidechsen. Ich werde es versuchen. Es ist kein Mittel, den ge-

liebten Greis mit den vielen Silberhaaren zu verschmerzen. Aber da man **vorhanden** ist, **muß** man irgend etwas versuchen so lange, bis man **vereinigt** ist!

Mein Bruder sagt mir, daß man diese Tiere „enttäuschungslos" liebhaben kann und daß man von ihnen nie eventuell „ins Gesicht gespuckt wird" dafür, daß man sie gern gehabt hat! Sie können also unsere sorgfältige Pflege, die wir ihnen angedeihen lassen, **gebrauchen** für ihr zartes Leben! Gebrauchen, welches schöne tiefe Wort! Von diesem fatalen einfachen **Urworte** an: „Er hat sie gebraucht!", eigentlich immer **derselbe Klang**! Ja, wir wollen „gebraucht" werden! Je zarter, je nobler, je rücksichtsvoller, desto besser für uns! Aber gebraucht wollen wir werden zeit unseres Lebens! Plötzlich stehen wir durch den bösen Tod da ohne jegliche Beschäftigung. Da kommt man vielleicht sogar auf die schreckliche Idee, daß **dieser Hut, dieses Kleid, dieser Pelz** wichtig wären.

Unser Vater war arm, aber reich! Viktor Hugo, sein Bauernzimmer in Aussee und seine „Trabucco" waren ihm wichtiger als die Schätze der Welt. Von meinem Bruder, dem Dichter, verstand er so viel wie nichts, oder noch weniger. Er wußte nur, daß er ihm seinerzeit das göttliche Abführmittel „Rhamnin" empfohlen habe, das ihm tatsächlich von 59 bis 85 jugendliche Frische verschaffte. Ich selbst bin anders. Ich betrachte mein **Verständnis** meines Bruders als die lichte Brücke, die mich von dem althergebrachten dumpfen Leben der bürgerlichen Vorurteile hinüberführt in eine Welt, die ich verstehe, aber der ich nicht gewachsen bin! Es ist, wie wenn man sich in ein

Buch vertiefte, in der Alserstraße 11, 5. Stock: „Erlebnisse im innersten Afrika!" In unserer Familie sind viele Welten beisammen, nur nicht die des „äußeren Glanzes"! Wir alle leben immer nur unser „höchsteigenes" Leben, zur Verzweiflung derer, die gar keines haben! Der Dichter muß nicht mit den Wölfen heulen, aber wir müssen mit den Menschen sprechen!

LAOTSE: — DER HEILIGE BAUM

Ein Zimmermann reiste nach dem Staate Tschi. Als er nach Tschü-yüan kam, sah er einen heiligen Baum, der so groß war, daß ein Stier sich dahinter verbergen konnte; er hatte einen Umfang von hundert Spannen, ragte hoch über den Gipfel des Hügels empor und trug Äste, von denen manche der Größe nach für Kähne getaugt hätten. Eine Menschenmenge stand davor und gaffte ihn an, aber der Zimmermann achtete seiner nicht und ging des Weges weiter, ohne sich umzusehen. Sein Lehrbursche hingegen sah sich satt daran, und als er seinen Meister wieder eingeholt hatte, sagte er: „Seit ich in deinem Dienste ein Breitbeil gehandhabt habe, sah ich nie solch ein prächtiges Stück Holz wie dieses. Wie geht das zu, Herr, daß du nicht stehen geblieben bist, um es zu betrachten?"

„Es lohnt nicht davon zu reden," antwortete der Meister. „Das Holz taugt zu nichts. Mach ein Boot daraus, — es wird sinken. Einen Sarg, — er wird faulen. Hausrat, — er wird bald zerfallen. Eine Tür, — sie wird schwitzen. Einen Pfeiler, — er wird von den Würmern zerfressen werden. Es ist ein Holz ohne Rang und ohne Nutzen. Darum hat es sein gegenwärtiges Alter erreicht."

Als der Zimmermann nach Hause kam, träumte er, der Baum erscheine ihm und spreche zu ihm: „Was ist es, womit du mich vergleichst? Sind es die vornehmen Bäume? Der Kirschbaum, der Birnbaum, der Orangenbaum und andere Fruchtträger werden, sobald ihre Früchte gereift sind, geplündert und schimpflich behandelt. Große Zweige werden geknickt, kleine abgebrochen. So schädigen diese Bäume durch ihren Wert ihr eignes Leben. Sie können ihre zugemessene Spanne nicht vollenden, sondern kommen vorzeitig in der Mitte der Bahn um, weil sie in die umgebende Welt verstrickt sind. So ist es mit allen Dingen. Eine lange Zeit war es mein Ziel, nutzlos zu werden. Mehrmals war ich in Gefahr, es nicht zu bleiben, aber endlich ist es mir geglückt, und so kam es, daß ich heute nutzreich bin. Aber wäre ich damals von Nutzen gewesen, ich hätte jetzt nicht den großen Nutzsegen, den ich habe. Er ist: **angestaunt zu werden, wegen der Kräfte, die man nicht vergeudet hat im kleinen!**"

WACHSFIGUREN

Lotte Prizzl, du feines, zartes, liebes, außergewöhnliches Fräulein, sei allerherzlichst bedankt für deine kleinen großen, nichtigen wichtigen, spielerisch tiefernsten Püppchen, in Wachs, Tüll und Seide! Wie Liliputgebilde sind sie, hervorgezaubert aus den

Seelen bei E. T. A. Hoffmann, Beardsley, Maeterlinck, Altenberg! Zur Welt gebracht jedoch in unbeschreiblicher Seelen- und Körperzartheit von Lotte Prizzl! Diese Wachspüppchen sind aus der ganzen Edelkultur der Dame hervorgegangen, die sie verfertigt hat, also ihre echten Kunstkinder. Sie enthalten Träume, Sehnsuchten, Kindlichkeiten, Vornehmheiten, Melancholien. Man gewinnt sie lieb, besonders den Engel rechts mit den geschlossenen Augen, das Fräulein im schwarzen Trauerbettchen, den Mahadö, und eigentlich die meisten. In eine Kristallvitrine gehören sie, um einem einfachen Zimmer die Marke zu geben: Hier haust ein Jemand!

MEINE ANDERE SCHWESTER

Habe über meine Schwester, die Frau Hofrätin, noch nie etwas geschrieben. Und doch verdiente sie es, beschrieben zu werden. Sie hatte einst stets den Humor eines englischen oder amerikanischen Humoristen, wie Boz Dickens und Mark Twain, dabei tiefen Geist und unbeschreibliche Gutmütigkeit. Sie hatte wirklich goldene Haare, eine Elfengestalt. Sie versammelte von selbst, unwillkürlich, auf jedem Ball, die sogenannte Elite der Herrenwelt um sich herum, ganz um sich herum, hielt Cercle, und man lachte sich zu Tode, ganz ohne Courtoisie, obzwar man auch diese für sie hatte, über ihre schelmischen und dennoch gutmütigen Bemerkungen. Sie war eine fanatische Naturfreundin. Aber ebenso fanatisch liebte sie ihre französischen und ihre englischen Guver-

nanten. Jede Guvernante wurde ihr sogleich zu einem verehrungswürdigen, anbetungswürdigen Wesen, das zu kränken einfach eine Unmöglichkeit war. Mit vierzehn Jahren fand sie einen verlaufenen häßlichen schwarzen Hund auf der Straße, den sie „Lupus" taufte und über den sie ein Tagebuch zu führen begann. „‚Lupus' sieht heute schlecht aus, 18. Juli vormittags, ich glaube, er hat einen Knochensplitter geschluckt. Das dürfte ihm die zarten Magenwände reizen."
„11. August. ‚Lupus' wurde im Garten in einer Wassertonne ertränkt gefunden. Hoffentlich hat er nicht lange gelitten. Ich werde ihn nie vergessen."
Fortsetzung des Tagebuches: „Der Hofmeister meiner Brüder wurde entlassen. Wenn jetzt noch Amelie Leutzinger, meine Guvernante, auch geht, dann habe ich niemand mehr!" Später heiratete sie, und ihr zwölfjähriges Mäderl starb. Da schrieb sie in ihr ehemaliges, altes, unvollendetes Tagebuch: „Mit ‚Lupus' hat es b e g o n n e n, den man mir ertränkt hat! Und dann ist es so weiter gegangen, gradatim. Mein Bruder hat immer gesagt, ich hätte einen englischamerikanischen Clown-Humor. Den habe ich eingebüßt!"

Ich schreibe diesen Biografical essay nicht, um meiner Schwester ein Lob zu singen. Das hat sie in ihrer sozialen, ökonomischen usw. Position nicht nötig. Ich schreibe es, damit alle diese anderen faden, öden, geist- und humorlosen, herzlosen, ungezogenen Gänse sich nicht ewig so frech überheben und ruhig k u s c h e n, wenn ihnen einer schon liebevoll z u f r e s s e n und z u k l e i d e n gibt!

AUTOMNE

Es gibt viele Frauen, die es nicht vertragen, wenn man sie liebevoll und schwärmerisch behandelt. Sie haben recht. Wahrscheinlich halten sie den für einen ausgemachten Idioten, der solches tut. Sie kennen nämlich ihren Unwert und sind naturgemäß empört darüber, daß jemand sie für wertvoll hält. Lieber sind ihnen die, die sich nichts aus ihnen machen, aber hingegen dennoch — — —. Sie fürchten sich, den zu enttäuschen, der ihnen trotz allem seine ganze intelligente Zartheit widmet. „Wie kommt denn der Arme dazu, mich Mistviech so nett zu behandeln?!" Das ist der Untergrund ihrer Stimmung, ihr Unbewußtes. Im Obergrund jedoch sind sie nur frech, dumm und ungezogen! Sie haben keine Ahnung von den Pflichten der barmherzigen Pflege eines an ihnen malheureuserweise seelisch Erkrankten, eigentlich geistig Erkrankten! Ihre ganze bodenlos dumme Roheit ergießt sich über den Starken, der einmal leider schwach wurde. Wie der Esel in der Fabel dem kranken Löwen einen Fußtritt versetzt! Es sollte heißen die Eselin!

„Sie dürfen mich nicht so sehr verwöhnen, Peter," sagte eine Dame zu mir, „wissen Sie denn nicht, daß wir da leicht frech werden?!"

„Nein," erwiderte ich, „das wußte ich nicht; wird denn ein Bettler frech, wenn wir die Gnade haben, ihm einmal fünfzig Heller zu schenken?!"

„Wir sind eben keine Bettler, Peter!"

„O doch!" erwiderte ich, „Ihr stellt euch nur so, als ob ihr keine wäret! Aber ihr seid es!"

VENEZIANERINNEN

Alle Leute, die hier in Venedig ihr Geld unnütz ausgeben, schwärmen (als Gegengeschäft irgendwie muß doch ein Profit sein für die Reisespesen) für die alten Meister (Carpacchio und Bellini haben wenigstens einen Hauch unserer feinen, modernen Seele), für die alten Kirchen, die alten Palazzi. Aber zwei Dinge sind hier wichtiger: die blutroten, lilagrauen Sonnenuntergänge vom Lido aus, vis-a-vis Venedig, und die Volkstracht der Mädchen. Hier nämlich ist die soziale Frage ein wenig, und zwar genial-einfach, gelöst. Möge jemand die reizende junge Wienerin dazu bringen! Alle venezianischen Mädchen aus dem Volke tragen eine adelige, herrliche, einfache und kleidsame, billige Tracht. Keine unterscheidet sich von der andern, keine erregt Neid, Eifersucht, Begierde, Schadenfreude, üble Nachrede, Sehnsucht, Verzweiflung, böses Beispiel. Alle sind gleich angezogen, kleidsam, nobel, einfach, vornehm, billig. Schwarzer wollener Schal mit langen Fransen, schwarzer Rock, schwarze Strümpfe, schwarze Halbschuhe. Die reichen Damen werden nicht beneidet — niemand aus dem Volke würde so prunkhaft angetan sein wollen. Es ist eine ideale Trennung zwischen reich und arm. Der Arme ist besser, vornehmer, zarter angezogen. Ein Hohnlächeln für Paquin und Poiret! Heil unserer Hausindustrie! Niemand kann ein venezianisches Mädchen aus dem Volke betören mit Kleidern, Blusen, Schmuck. Was sie brauchen, haben sie. Man kann sie betören ... mit Liebe. Aber das finden sie unter ihresgleichen. Der schwarze Schal verpflichtet zu vornehmer Haltung, zu Ernst und Würde. Es ist eine Art von kleiner Lösung der sozialen Frage. Auch kann man diese Mädchen nicht zu Soupers ködern, verleiten und dann „schwach" machen durch Wein. Ihre Spaggetti, Zucchetti, Melanzani haben sie. Und ihren Chianti eventuell. Und ihre Ehre haben sie auch. Gehet schwarz, einfach, nobel und sehet nicht auf Die, die bunt gehen und überladen. Es ist wahrlich nichts zu beneiden an ihnen.

EIN LIED

Ganz Venedig war überschwemmt, musikalisch überschwemmt von einem Lied: „Valse brune". Überall strömte es hervor, aus allen Gassen, es floß auf die weiten Plätze, rann in die Vergnügungslokale, sickerte in die Türspalten der armen Mädchen, tropfte von allen offenen Fenstern herab auf die Passanten, die es doch nicht benötigten, da sie es selbst, schlendernd oder in harte Arbeit gehend, vor sich hin trällerten. Es ist kein schlechtes Lied, nein, es ist süß und ein bißchen fade, und ich kann es mir ganz gut vorstellen, daß ein verliebtes Mädchen gerne ihre letzte Lire herschenkt, um es sich noch einmal vom Werkelmann vorspielen zu lassen oder von der Salonkapelle in „Folies Bergères". Aber was ist dieses Lied gegen das Lied von 1913, das nun neu auftaucht wie ein mildes süßes Licht und alle zarten Melancholien der bescheidenen und enttäuschten oder sehnsuchtsvoll hoffenden Menschenseele enthält?!? Es heißt: „Fili doro", von Buongiovanni! Dieses Lied, man kann es nicht oft genug hören! Es ist das Lied der italienischen Volksseele! Es ist die Königshymne des Volkes, es enthält seine Freude, seine Traurigkeit, seine Armut, seine Genügsamkeit und seinen Seelenadel! Überall strömt es nun statt „Valse brune", das gestorben ist, hervor aus allen Gassen, es fließt auf die weiten Plätze, es rinnt in die Café chantants, es sickert aus den Türspalten der armen Mädchen mit den edlen, stolzen, einfachen, schwarzen Schals, es tropft von allen geöffneten Fenstern herab auf die Passanten, die es weiter tragen in die Arbeit oder an das blaue Meer. Es ist das Lied der Seele, es ist die Hymne des Volkes! „Fili doro", von Buongiovanni!

VENEDIG

Ich hörte, seitdem ich da bin, man müsse vormittags ziellose Promenaden machen durch die Gäßchen und über die Plätze mit unbekannten Statuen, mit einem Worte: schlendern! Nun, nach vier Monaten, schlendere ich endlich, wie es geboten ist, durch die übelriechenden Gäßchen und über Plätze mit unbekannten, wenn auch unschönen Denkmälern. Ich ging an unzähligen Wurst- und Käsehandlungen vorbei, deren Duft mich nicht zum Verweilen lockte, während in den Gemüsehandlungen die lila Melanzani mich nicht sehr aufregten, da ich sie in Öl bereits für ungenießbar erschmeckt hatte. Auch Pomo d'oro, die bei uns ganz schlicht Paradiesäpfel heißen, konnten mich nicht erschüttern, da es hier keine Speise gibt, in der oder neben der sie nicht die Speise selbst zu einer ungenießbaren gestalten. Es ist schwer, den edlen Paradiesapfel uns verhaßt zu machen, aber die italienischen Köche treffen es. Sie wollen ihn nicht kochen, sondern erlauben es sich in ihrer südlichen Leidenschaftlichkeit, ihn uns roh vorzusetzen, wodurch er unsre ehemalige freundliche Zuneigung einbüßt. Nun, weshalb so kritisch und boshaft sein in einem Lande, das uns geschnittene Kürbisse in Öl, Zucchetti darbietet, auf daß wir unsern Hunger daran stillen!? Die Namen der Speisen wären wert, von Moissi deklamiert zu werden in aufgeregten Mädchenschulen. Dort lebt man noch vom Klang! Wir Älteren, aber nicht mehr Düpierbaren, ziehen einen mürben Nierenbraten mit Niere phonetisch-kulinarischen Genüssen vor! Der Italiener ist genügsam: er begnügt sich, uns für teures Geld schlechte Ware zu liefern. Zucch-èti, Spagèti, Melanzáni et pòmo d' ôrò!

VENEDIG

Maria Mazzucato ist das schönste Mädchen Venedigs. Sie ist Arbeiterin in einem ganz winzigen Modistengeschäft in der Merceria Capilleri. Sie hockt von früh bis abend und putzt Hüte auf für Damen, die alle zusammen nicht so schön sind wie sie. Sie ist eine ästhetische Vereinigung von Otéro, Grete Wiesenthal, Duse. Sie ist sechzehn Jahre alt und sehr schlank und sehr groß, also eine Vollkommenheit. Ich schrieb ihr eine Ansichtskarte (calme du soir): „Venise a été cet été une ville vraiment très intéressante et originale: elle a contenu la princesse de Terra Nova, Mitzi

Thumb, et Maria Mazzucato! Les palazzi, mais mon Dieu, c'est mort, c'est enseveli! Et les vieux tableaux, mais, j'en préfère les jeunes et vivants!"

Maria Mazzucato hat mir ein Abschiedsgeschenk, zur Erinnerung, eine wunderschöne lederne Handtasche, refüsiert. Sie hat gesagt: „Zur Erinnerung?!. Ich habe ja Ihre Ansichtskarte!" Infolgedessen tauschte ich die Handtasche um gegen ein wunderbares gelbgeflecktes Schildkrotpapiermesser für meinen Schreibtisch. Wie gut, daß sie es refüsiert hat. Erstens wird sie Gewissensbisse haben und ein bißchen Reue, und ich, nun, ich habe ein schönes Papiermesser! Gestern schnitt ich damit auf: „Aage Madelung, Der Sterlett." Ich war wirklich ganz zufrieden mit dem schönen Papiermesser.

Am selben Abend sah ich in den „Folies Bergères", einem ganz kleinen Chantant: La Eutimia. Sie war ganz jung, absolut tadellos gewachsen, gelber Teint und schwarze Haare. Sie sang mit tiefer süßer Stimme die herrlichen Lieder: „Fili doro, la retirata, Una sola volta, Marechiare." Nach der Vorstellung stellte sie sich in dem schmalen Gang auf und sagte zu jedem Herrn: „20 centesimi obligo!" Ich gab ihr fünf Lire. Ich sagte zu ihr: „Darf ich Ihnen morgen eine schöne lederne Handtasche bringen?!" „Gewiß, mein Herr, ich werde glücklich sein!"

Da nahm ich denn mein schönes Schildkrotpapiermesser und tauschte es wieder um gegen die schöne Handtasche. „Ah," sagte der Kommis, der mich bediente, „also hat die Handtasche doch der Dame besser gefallen?!" „Ja!" sagte ich, „sie hat es sich überlegt!"

ONKEL EMMERICH

Mein Onkel Emmerich hatte kein Herz. Er spekulierte und kaufte Kopien alter Bilder als echte, die sich dann später teilweise sogar als echte herausstellten. Endlich hatte er abgewirtschaftet. Wir Knaben saßen beim Nachtmahl am Abend des „ökonomischen Sedan im Hause Emmerich", und mein Onkel bewies uns an der Hand von Silberers Sportzeitung, seiner Bibel, daß „Quick Vier" am Sonntag das Rennen gewinnen müsse. Außerdem habe er private Tips erhalten aus dem Stall. Plötzlich sah er auf und bemerkte, daß Frau und Tochter leise weinten. „Wenn ich nur wüßte, weshalb jetzt diese Weiber platzen?!?" sagte er. Natürlich platzten sie wegen des verlorenen Geldes. Wegen was platzen Weiber ernstlich?! Quick Vier gewann auch nicht, weder Quick noch Vier, sondern überhaupt nicht, und mein Onkel fuhr auf dem hohen Dache des englischen eleganten Sportomnibus (zehn Kronen der Sitz!) und mit demselben Rennglas bewaffnet, das auch Graf Niki Esterhazy hatte, ganz nachdenklich nach Hause. „Die Mitgift unserer armen Tochter!" weinte unaufhörlich meine Tante. „Erziehe dein Kind so, daß sie keine Mitgift braucht!" sagte mein Onkel. Als er seine Gemäldesammlung, wegen der er sein Leben lang von der Familie verhöhnt worden war, versteigert hatte, erwies es sich, daß sie wertvoller gewesen war als das ganze Geld, das er sonst verspekuliert hatte. Einen merkwürdigen Menschen nannte ihn von nun an die Familie, die ihn bisher einen Leichtsinnigen genannt hatte. Meine Tante aber sagte: „Emmerich, innerlich bist du ja doch ein guter Mensch!"

DAS LEBEN

Einem zwölfjährigen Mädchen, das im Stabilimento angestellt war für eine Lire täglich und das außerdem bildhübsch war, kaufte ich im Lauf der Säson dreimal zwölf Abonnementkarten für das Meerbad. „Ja," sagte die Geschäftsdame, bei der sie angestellt war, „Sie verführen mir dieses Kind! Es soll arbeiten, nicht baden und sich amüsieren! Wenn Sie immer gebadet hätten, statt zu arbeiten, wären Sie auch nicht das geworden, was Sie heute sind!"

„Ich habe nie gebadet und noch weniger etwas gearbeitet!" erwiderte ich. „Weshalb soll dieses arme Kind zusehen, wie alle diese wertlosen Frauen im Meere baden und sich vergnügen?!?"

„Ja, mein lieber Herr, sie haben eben das Geld dazu!"

Einige Wochen später traf ich das Kind. „Eine Freundin von mir hat, denken Sie, ein Tramwayabonnement! Sie rutscht hin und her!"

„Nun, du kannst auch eins haben!"

Eine Woche später: „Denken Sie, im vorigen Jahr erhielt ich eine Schachtel Aquarellfarben samt Pinseln und Zeichenalbum! Aber jetzt ist es schon ganz aufgebraucht!"

Ich kaufte ihr natürlich neue. Sie war ganz entzückt. Eine Woche später sagte sie: „O, jetzt kommt der Winter, da ist es kalt. Meine Mama, meine gute Mama braucht ein warmes Tuch zum Ausgehen. Auch unser Klavier ist verstimmt, soll repariert werden, und Anne-Maria hat einen Zahn zum Plombieren."

„Kind," sagte ich, „ich bin erstaunt, daß du alle diese Dinge gerade mir erzählst!?"

„Ja, Sie alter Esel, wem soll ich sie denn erzählen als dem, der mich gern zu haben scheint und mich für bildhübsch hält?!? Soll ich es vielleicht dem erzählen, der mich für einen ekelhaften kleinen zudringlichen Fratzen hält? Der gibt doch gewiß nichts her!?"

„Du hast recht!" sagte ich und bezahlte ihr noch den Klavierstimmer und den Zahn ihrer Schwester!

ONKEL MAX

Dieser Max, mein Onkel, der seit sieben Jahren tot ist, war einmal sehr hübsch gewesen, ja, sogar besonders hübsch, auch nach modernen Begriffen. Ganz schlank, ganz groß, und eine Stumpfnase. Infolgedessen hatte er ein Liebesverhältnis mit der ganz jungen Näherin seiner Mama, meiner Großmama. Er kaufte sich daher in Hietzing, Hauptstraße, ein kleines Haus mit Gärtchen und ließ die junge Näherin darin wohnen. Sie legte eine Rosenkultur an und Nelken, und war froh, daß ihre zarten schönen Finger nicht mehr vom Nähen leiden mußten. Sie pflegte sie sogar, gleichsam als Entschädigung für schreckliche qualvolle Jahre, mit Malatine, Honigglyzerin. Eines Tages beschloß die Familie, daß mein schöner, magerer, langer Onkel mit der Stumpfnase eine „Partie" machen solle. „Ja," sagte er, „à la bonheur. Aber was soll mit Anna geschehen?!" Man verheiratete Anna mit einem Manne, der sie seit ihrer Kindheit schrecklich gern gehabt hatte und dem es nur am „Nervus rerum" gefehlt hatte, um sie, pardon, um sich glücklich zu machen! Anna war mit allem einverstanden, denn es ist besser, dort einverstanden zu sein, wo nicht einverstanden zu sein einem auch wenig nützen könnte. Nun heiratete mein Onkel und baute auf der Hietzinger Villa noch einen Stock auf. Ein Gärtner wurde engagiert, um die Rosen- und Nelkenkultur Annas weiter zu pflegen. Eines Tages sagte meine angeheiratete Tante zu meinem schönen, langen, mageren Onkel mit der Stumpfnase: „Du, wer war diese Anna eigentlich, nach der diese schönen gefleckten Nelken benannt sind?!" Mein Onkel schaute auf die gefleckten Nelken und verstand gar nicht, daß diese Anna überhaupt noch irgendwie im Leben in Frage käme!

Nun ist mein Onkel schon seit sieben Jahren tot, und meine Tante ist schon Großmama. Unverändert in herrlichem Beete sind nur die gesprenkelten Anna-Nelken geblieben in der Hietzinger Villa.

BRIEF AN GRETE WIESENTHAL, DIE TÄNZERIN

Schone deinen Verdauungsapparat, dieses Zentrum deiner Lebensenergien, aus freier Entschließung, wie eine kranke Wöchnerin es notgedrungen tun muß — — — und du wirst leicht und beweglich, fliegend und schwebend, tanzend und jauchzend bleiben!

Hilf nach mit dem heiligen Purgiermittel: Rhamnin, Cortex Rhamni Frangulae, ein Eßlöffel voll vor dem Frühstück!

Idealer Ersatz für jedes kalte Bad: Menthol-

Franzbranntwein, in großem Zerstäuber, auf den ganzen Leib gestaubt wie Regenschauer. Abends vor dem Schlafengehen, morgens beim Erwachen!

Armheben, dann nach abwärts, und heben seitwärts hinauf, im Tempo des schleunigen Versaglieri-Marsches, zu Klavier, Klarinette und kleiner Trommel (Sousa-Märsche!).

Das Tanzturnen!

Vorwärts! Rasch! Präzise! Wie die Maschinengewehre rattern, rä—tä!

Ihr ergebener Peter Altenberg.

p. s. man wird Tänzer durch Turnen! Durch Tanzen allein nie!

FRAUEN

Die meisten Männer sind sentimental, wenn es ihnen in ihren Kram paßt. Zum Beispiel: „Mir, mir kannst du das antun, mir, der dich aus dem Sumpfe herausgerettet hat, mir, ohne den du elend verkommen wärest?!" Sie will eben das nicht hören, daß sie überhaupt in einem Sumpf je gesteckt habe, in einer prekären Lage! Daran sie zu erinnern empört sie, zumal zu einer Zeit, wo sie noch höher hinaus will, wenn auch auf deine Kosten! Herr, sie will es sich einreden, daß sie als Prinzessin fertig vom Himmel herabgefallen sei, direkt in ein elegantes Auto hinein! Erinnere sie daher nicht sentimental, wer sie war, denn eben das will sie vergessen! Schreibe ihr nicht: „Wo sind die Zeiten, da wir noch im fünften Stock eines alten Hauses ———?!" Denn, siehe, sie will im Hochparterre eines neuen Hauses!

STAMMTISCH

Ein Stammtisch ist ein Tisch, an dem abends die Ungezogenheiten, Frechheiten und Egoismen der Nebenmenschen ins Unermeßliche auswachsen! Ein Spülwasser-Ausguß für alles, was die beschäftigte Lebensmaschine bei Tage belastet und irritiert hatte! Ich habe daher zu meiner irgendwie möglichen Entlastung einen kleinen Tarif zu meinen Gunsten eingeführt.

Anekdoten aus der Kinderstube und wundersame Erlebnisse mit seinen Kleinen: 70 Heller!

Versuche des Mannes, die Gattin oder Geliebte zu blamieren, zu desavuieren oder als „Dummerl" hinzustellen: 1 Krone 20! Rache der beiden Geschlechter für irgend etwas, was sie bei Tage gegiftet hatte: 80 Heller! Ostentativer Versuch eines Herrn, einer Dame bei allen Dummheiten, die sie sagt, rechtzugeben: 1 Krone 40! Gespräche über Hygiene, die nicht den Lehren meines „Prodromos" entsprechen: 90 Heller!

Versuche der Eroberung einer Seele, die, wie alle Seelen, mir gehört, 3 Kronen 80! Zu nahes Sitzen neben einer Dame, die mir gefällt: 5 Kr.! Am ersten Abende der Einführung meines Tarifes, bezahlte mir Herr T.:

	70	Heller
1 Krone	20	,,
—	80	,,
1 Krone	40	,,
—	90	,,
3 Kronen	80	,,
5 ,,	—	,,
13 Kronen	80	Heller

ITALIEN

Der Kommis in der angeblichen „Delikatessenhandlung", der mir den angeblichen „Prager" Schinken vormittags aufschnitt und jedes Stück vorsichtig und behutsam mit seinen ehrlichen aber schmutzigen Fingern hinlegte, sagte mir wiederholt: „Signor! Heute abend müssen Sie bestimmt auf den Markusplatz, man spielt Ouverture Amleto!" Oder: „Man spielt heute eine Messe von Perosi!"

Ich dachte: „Könnte er nicht während dieser angenehmen Mitteilungen die Schinkenschnitten mit der Gabel anfassen?!" Nein, das konnte er nicht. So musikalisch war er doch nicht.

In dem Glasgeschäfte sagte ich zu dem Kommis: „Diese kleine lilagrüne Vase würde ich für drei Lire gerne kaufen!" „Sie kostet sieben Lire, mein Herr!" Ich setzte mich und begann mit meiner süßen Fistelstimme das „Lied an Lola" zu singen. Er sagte: „Bitte, jetzt Puccini!" Ich sang es. Dann sagte er: „Verdi!" Als das Konzert zu Ende war, packte er mir die kleine Vase ein und sagte:

„Drei Lire!"

CAFÉ CAPUA

(Ein Gespräch mit einer süßen Amerikanerin)

„Peter, warum heißt das Café von meine berühmte Mann, Arkitekt Loos, Cäpüä?!?"
„Das kann man nicht erklären!"
„Old idiot!"

„Als nämlich die römischen Legionen — — —"
„Peter, don't be foolish, what's that, Legionen?!"
„Hööö — — — die Soldaten, die Offiziere — — —."
„Ah, the officers — — —!" Das verstand sie.
„Als die römischen Offiziere in Cäpüä zu lange verweilten — — —."
„Peter, idiot, what's that ‚verweilten'?!"
„They were staying there too long time — — —."
„Aha!"
„wurden sie unfähig — — —."
„What's that ‚unfähig'?!"
„They could not more — — —."
„Aha!"
„They could not more go in the war, sie konnten nicht mehr in den Krieg ziehen!"
„Wat's for connex with the coffeehouse of my grand Dolf?!?"
„Wer dort sitzt, fühlt sich so wohl, daß er nicht mehr kann gehn anderswohin!"
„Ah, my Dolf is de greßte Arkitekt von de ganze Welt!"
„Zerspring!"

DIE KELLERSTIEGE

Sizilianische Szene

Der Vorhang geht auf

Der Sohn zu dem vollständig gelähmten alten Vater:
„Vater — — — Vater, wie befindest du dich heute? Nein, du kannst mir nicht antworten! Aber ich er-

sehe es dennoch auf deinem bleichen, aufgedunsenen, geliebten Gesicht, wie es dir heute geht! Besser! Die Hände nicht so schrecklich geschwollen wie in den letzten Tagen! Ja, Geliebtester, alter Unglücklicher, und vielleicht dennoch der weitaus Glücklichere von uns beiden, denn ich sorge mich Tag und Nacht um dich! Um wen denn sonst sollte ich mich sorgen?! Um Anita?! Die sorgt für sich selbst! Sie hat nicht die Gabe, mich um sie besorgt zu machen! Sie sorgt für sich selbst! Aber, du, Alter, hast die Gabe, denn du bist gelähmt und hilflos! Vater, ich fühle mich so einsam, trotz Anita, oder vielleicht wegen! Vater, stirb mir nicht, hörst du?! Alter Mann, so wie du lebst, gelähmt, bist du dennoch ein Hort für mich, eine Stütze, ein Heiligtum! Möge Gott mir gestatten, dir weiterhin deinen Stärkungswein aus dem Keller holen zu dürfen! Möge die alte Kellerstiege so lange aushalten!"

Josefus erscheint:

„Du hast mir sagen lassen, ich solle nachschauen, und die Kellerstiege ausbessern?! Hast du etwas bemerkt?!"

„Sie ist alt wie mein geliebter Vater. Man muß da immer und überall besorgt sein. Sie kommt mir nicht mehr ganz geheuer vor! Es ist keine neue Stiege. Man hat sie verbraucht, man muß nun vorsichtig sein, um sie zu erhalten!"

„Ich werde mein möglichstes tun, selbstverständlich!"

„Wir haben unsere alten guten Weine da gelagert, ich erhoffe mir davon für meinen Vater Gesundheit! Für mich könnte er einstürzen, und Anita trinkt nicht. Wozu braucht sie Wein?! Sie ist so vollsaftig. Sie berauscht sich an sich selber!"

„Ich werde hinuntersteigen, nachsehen. Sei ohne Sorge!"

Er steigt hinunter.

Anita kommt.

„Du bist allein, Alter?! Noch immer lebendig?! Schade! Nun, mich störst du nicht, du Gelähmter! Dein Sohn ist ein Esel! Ein Esel, ein Esel, verstehst du mich, du alter Geschwätziger?! Ja, mit den Augen schwatzest du, mit den Augen, aber das versteht Gott sei Dank niemand!"

Man hört ein schreckliches Gepolter im Keller, ein düsteres Fallen.

Anita: „Was ist da unten los?!"

Endlich kommt Josefus herauf, mühselig, erzählt von dem Einsturz des Weinkellers, man möge niemand hinunterlassen!

Anitas Liebhaber erscheint.

Anita: „Gut, daß du da bist, gut! Ich kann es nicht aushalten ohne dich! Der Alte will nicht sterben, dieser Eigensinnige, und der Esel langweilt mich mit seiner Sohnesliebe! Du bist für mich Luft und Licht, dir allein gehöre ich! Alter, Eigensinniger, hörst du es, ja, du hörst es, diesem allein gehöre ich, und nicht deinem Esel von Sohn!"

Sie küssen sich.

„Alter, nun erzähle alles deinem Esel von Sohne! Ja, wir küssen uns, und wir lieben uns, und noch mehr, noch mehr! Aber dein Sohn hat die Sohnesliebe, da verpufft er seine ganze Glut, und für sein armes Weib bleibt nicht viel übrig! Ich begnüge

mich nicht mit dem, was von seiner Sorge um dich für mich übrig bleibt!"
Der Liebhaber ab.
Der Sohn kommt, will in den Keller, dem geliebten Vater seinen Wein bringen. Anita erkennt da plötzlich, daß sie ihn jetzt loswerden könnte, wenn sie ihn nicht warnt. Sie blickt ihn unbeschreiblich hart an, während er die leeren Flaschen reinigt. Der Alte will ihn vor dem Todesgang mit den gelähmten Händen zurückhalten, kann es aber nicht!

„Vater, ich tue es ja für dich, du Dummer, Guter, der Wein wird dir Leben bringen!"

Er geht langsam hinunter die Kellerstiege, stürzt sich zu Tode! Anita schleicht höhnisch zum Alten hin. Der reckt sich, wird momentan ungelähmt und erwürgt sie.

Vorhang

(Einem ungeschriebenen Stücke der Maria-Grasso-Truppe nacherzählt.)

TSCHUANG TSE: — DER GLOCKENSPIEL- STÄNDER

Tsching, der Meister der Holzarbeiter, schnitzte einen Glockenspielständer. Als es vollendet war, erschien das Werk allen, die es sahen, als sei es von Geistern geschaffen. Der Fürst von Lu fragte den Meister: „Welches ist dieses Geheimnis in deiner Kunst?"

„Dein Untertan ist nur ein Handwerker," antwortete Tsching, „was für Geheimnis könnte er besitzen? Und doch ist da etwas. Als ich daran ging, den Glockenspielständer zu machen, hütete ich mich vor jeder Minderung meiner Lebenskraft. Ich sammelte mich, um meinen Geist zur unbedingten Ruhe zu bringen. Nach drei Tagen hatte ich allen Lohn, den ich erwerben könnte, vergessen. Nach fünf Tagen hatte ich allen Ruhm, den ich erwerben könnte, vergessen. Nach sieben Tagen hatte ich meine Glieder und meine Gestalt vergessen. Auch der Gedanke an deinen Hof, für den ich arbeiten sollte, war geschwunden. Da sammelte sich meine Kunst, von keinem Außen mehr gestört. Nun ging ich in den Hochwald. Ich sah die Formen der Bäume an. Als ich einen erblickte, der die rechte Form hatte, erschien mir der Glockenspielständer, und ich ging ans Werk. Hätte ich diesen Baum nicht gefunden, ich hätte die Arbeit lassen müssen. Meine himmelsgeborene Art und die himmelsgeborene Art des Baumes sammelten sich darauf. Was hier Geistern beigemessen wurde, ist darin allein begründet."

PLAUDEREI

Ich verstehe es nicht, weshalb die Frauen so anspruchsvoll sind, in allem?! Ich finde schon eine Doppeltüre, wobei die innere noch dick mit Werg ausgepolstert ist, einen Messing-Türverschluß und Ohropax, Wachs-Watte-Kugel als Ohr-Verschluß-türe, für ein außergewöhnliches Glück! Man hätte doch malheureuserweise in einer Zeit leben, vegetieren können, wo das noch nicht erfunden war! Und man hat, man hat! Aber Frauen wollen verehrt, verehrt werden, und begehrt, begehrt werden! Was haben sie von vollständiger garantierter Zimmerruhe mit Doppelpolsterung?! Beweist es ihnen, daß sie doch zu irgend etwas von Nutzen sind?! Nein. Es beweist ihnen gar nichts. Aber sie wollen bewiesen haben! Freude an Gegenständen!? Wenn man ihnen wenigstens diese „Kultur" beibringen könnte! Aber welcher Gegenstand erfreut sie?! Der, den die andere nicht hat! Einen bestimmten Schirmgriff lieb haben können! Dazu eine geliebte Frau emporerziehen! Die Mode ist für die vorhanden, die nichts wirklich lieb haben können von Gegenständen! Man gibt diesen humpelnden Hexen deshalb diese Krücke „Mode"! Aber der freie bewegliche Mensch ist schwebend, mit eigenem Geschmack, über diesem Kerker „Mode"! Ich sprach früher von gepolsterten Doppeltüren — — — ja, auch das kann bereits glücklich machen, und es ist unabhängig davon, daß einen eine gern hat! Oder einer eine! Glück ist Unabhängigkeit von dem, der einen scheinbar glücklich macht!

DIE URGROSSMUTTER

von Anna Lesznai

(Muster eines gänzlich unverschmockten, verständlichen und dennoch tiefen, einfachen, modernen und dennoch ewig alten Gedichtes!)

Auf vergeßnem Gottesacker ruht mein Ahnchen
wurmzerfressen —
selbst die dunkle Ammensage hat den Namen längst
vergessen.

Wo du wohntest, Urgroßmutter? Hinterm Berg, im neunten Hage
muß ein weißes Häuschen stehen — da erschöpftest du die Tage.
Warst vielleicht ein Krämerweibchen — und in einem dumpfen Laden;
zwischen Mehl, Kattun und Pfeffer lebtest du in Staub und Schwaden.
Dicht am Laden noch die Schenke; wie sich auch die Sonne wende —
immer regten sich die starken, arbeitsamen beiden Hände.
Hat der Größern Schar gefuttert, wollt der Säugling just erwachen —
hieß es rasch im Laden rechnen und den Zechern zuzulachen.
Schwere Stunden, stumme Stunden ging dein Leben ohne Säumen —
kanntest nicht die holde Liebe, hattest keine Zeit, zu träumen.
Niemand weiß von dir zu sagen. Nichts als deine armen, blassen,
ungeträumten Träume hast du mir als Erbe hinterlassen.
In dem dunkeln, dumpfen Laden, still in deiner Seele Tiefen
wuchsen süße Frauenwünsche, die den lauten Tag verschliefen —
mit den seidnen Festtagskleidern und dem selbstgewobnen Linnen
schlossest du sie in die Truhe, für die späten Enkelinnen.

Ich, die junge Urgucktochter, darf die reiche Truhe leeren,
Urguckahnchens Träume spinnen und von deiner Sehnsucht zehren.
Rosen längst vergeßner Lenze blühen mir zum Feiertage,
weil ich meiner Urgroßmutter ungelebte Liebe in mir trage.

Genehmigte Übersetzung von Roda Roda.

DIE AUFFASSUNG

Ich schrieb in die Zeitung über die süße Tänzerin Hedi Weingartner, sie repräsentiere in allem und jedem die herzige Wienerin. Der Schluß lautete: „Und dennoch, bei aller Lustigkeit, innerlich dennoch tief traurig! Worüber?! Fraget Franz Schubert und Hugo Wolf!"

Mein junger Zimmerkellner sagte zu mir: „Jessas, das war wieder schön, was Sie über die Wienerin g'schrieben haben. Und die G'schicht mit dem Herrn Wolf und dem andern Herrn!"

„Wie ist das?!" fragte ich.

„No, die zwei Herren, die das arme Madl stehn g'lassen haben!"

„Nein, das sind zwei längst verstorbene berühmte Wiener Liederkomponisten, die äußerlich lustig und in ihren Liedern dennoch tieftraurig gewesen sind!"

„Aha... so ist das aufzufassen! Herr von Altenberg, aufrichtig gesprochen, meine Auffassung g'fallt mir besser!"

ENGLAND

Soll ich wieder einmal eine Hymne anstimmen zum Preis und Lob aller dieser herrlichen bettelarmen unwissenden und dennoch höchstkultivierten englischen Tänzerinnen aus den Tanztruppen?! Soll ich sagen, daß, trotzdem sie vielleicht nur die Töchter von Matrosen, Polizeiwachtleuten, Hausbesorgern sind, sie das bescheidenste, vornehmste, keuscheste, unkoketteste, un-männersüchtigste, un-geldgierigste Benehmen haben?! Im Gegensatz zur Französin und anderen uns näher liegenden Nationen?!? Es sind Dollies, Püppchen, zart und ergeben, dankbar, freundschaftlich, verständnisvoll, anmutig, originell und ihre eigene Welt durchlebend, sogar durchtrauernd! Erstaunt sind sie, daß die Männer größtenteils so frech und dumm, eitel und noch etwas anderes sind. Aber sie können sich Gott sei Dank nicht helfen, verändern nicht ihr süß-kindliches Sein! Soll ich die „Four magnets" erwähnen, mit den Kindchen Bessie und Olive?! Die Rockinggirls mit der süßen Elsie, und mit Lilly, der Gebenedeiten?! Die Romaine-Truppe mit der edlen Lilly Romaine, die mir aus Rom geschrieben hat, seitdem sie in der Peterskirche war, könne sie nicht mehr so leicht und fröhlich abends tanzen?!? Die Ismay-Truppe mit Ida und Beatrice Ismay, die sagten: „O, der böse Publikum war heute sehr gegen uns, kein Applaus, wir wollen nicht supieren, kein Appetit, wenn man uns nicht lieb hat!" Und die Sechzehnjährige mit braunen dicken Locken sagte zu mir: „O bitte, kann ich einen Moment stören?!" „Gewiß!" sagte ich. „O bitte, ist es

richtig, daß Sie sind a most clever poet of Vienna?!"
„Ob clever, weiß ich nicht, aber poet, no ja!" „O
bitte, wir haben auch sehr große Dichter bei uns in
England!" „Gewiß, natürlich, es ist kein Zweifel!"
„Zum Beispiel Shakespeare." „Ja, ein bedeutender
Mensch!" „Er ist leider schon gestorben!" „Ja, schade
um ihn, gerade solche Leute müssen weggehen!?"
„Es muß eine angenehme Arbeit sein, zu dichten!"
„Ja, es ist nicht unangenehm!" „Man darf arbeiten,
wann man will, nicht wahr?! Wir sind auch Artisten.
Wir müssen auch arbeiten, aber zu einer bestimmten
Stunde, elf Uhr abends. Sie arbeiten wahrscheinlich
in der Früh?!" „Nein, in der Früh schlafe ich." „Ah,
also mittags, wenn die Sonne hell und schön vorhanden
ist?!" „Nein, da schlafe ich auch noch." „Immerhin,
ein Dichter ist frei, er ist ein Vogel." „Ja, das ist
er!" sagte ich. Ich wäre gern vor diesem Kinde hin-
gekniet und hätte ihr gern ein Rumpsteak mit potatoes
bezahlt — — —. Aber kann man Lieblichkeit bezahlen?! Nein!

DAS GLASGESCHENK

Weshalb ein Glas, dickes Kristall, geschliffen nach
Altwiener Muster, mit deinem Namen in meiner
Schrift graviert?!

Leblose Dinge sollen dir auch lebendig werden,
wo's keinen Gram gibt und keine Enttäuschung!

Nicht, daß du daraus trinkest, weil ich's spendete!
Du sollst am Glas dich freuen, an der Form,

und daß es dein ist, zu eigenstem Gebrauche,
von allen anderen merkwürdig unterschieden!
Und solltest du dabei meiner gedenken,
so kann's dem schönen Glase auch nicht schaden!
Heil dir und deinem Trunk!
Nicht, daß du sagest: „Ich hab ein Glas, es ist von ihm!"
Sondern: „Ich hab ein wunderschönes Glas, und außerdem ist es von ihm!"

VANITAS

O Mann, falls du einer bist,
sage niemals: „Ich werde geliebt!"
Sage immer nur: Ich liebe!
Das erstere überlasse der zarten Frau, dem Walde
                      und der Rose!

Sie sind vorhanden, um, schweigend, geliebt zu
                      werden!
Du aber liebe! Das sei deine Kraft, dein Stolz!
Und wenn du Gegenliebe findest,
so sei es nur gleichgültiges Echo deiner Welt-
                      posaune!
Auch ohne Echo bist du es!

STÄNDCHEN

An Paula S.

Wenn du bei mir bist,
denke ich nur an alle anderen!

Wie schrecklich es nämlich mit ihnen war, wie dumm, verlogen und wie überflüssig!

Du allein spürst es, wie ich den „Talhof" liebte, Reichenau, den Schneeberg, Gmunden, die Dolomiten, Semmering, du spürst es,
  machst es gleichsam mit, in mir, in dir,
  und in der Welt realer Träumereien!
Du spürst es, daß du mir bist wie ein Extrakt von allem diesem Schönen,
  das ich in vielen Jahren, fern von dir, erlebt!
Ich habe es erlebt, um es von neuem mit dir, in dir und durch dich zu erleben!
Und so erlebst du's noch einmal mit mir, ohne es je gesehn zu haben...

MEIN FENSTERBRETT

Von allen meinen betreuten Blumen auf meinem Fensterbrett,
  in herrlichen Vasen, bliebst du mir getreu,
  du Buschen von lila Margeriten!
Du wuchsest und gediehest freudig, liebevoll, unter meiner Pflege!
Die anderen Blumen, vielleicht zarter oder minderzart,
  sehnten sich nach etwas anderem,
  das ich in meinem Zimmer nicht zu bieten hatte!
Trotz treuester Pflege!
Sie wollten hinaus, irgendwohin,
  und weg von mir!
Du aber, lila Margeritenstrauß,

in blausilberner Vase, fühlst dich wohl!
Ich spende dir nicht mehr wie allen anderen!
Du bleibst in Pracht. Die anderen welken hin und wollen fort!
Für sie gibt's irgendwo ein besseres Leben!
So geht denn hin, zu anderen Betreuern!
In meinem Raum gedeiht nur meine Welt!

PAULINA

Ich hab „erwarten" nie gekannt!
Wirklich nicht! Es ist keine Überhebung. Ich hab es nicht gekannt.
Wenn sie kam, kam sie. Wenn sie nicht kam, kam sie nicht.
Kann ich sie zwingen?!
Man hat so viel Verpflichtungen, Vergnügungen!
Soll ich erst fragen, um die Wahrheit oder die Unwahrheit zu erfahren?!
Beides ist wahr. Wahr ist, daß sie nicht kam!
Ich hab „erwarten" nie gekannt.
Jetzt kenn ich es.
Süß-bitter, bitter-süß schmeckt's auf der Seele!
Wie wenn man einem durstigen Tier den Wassernapf zeigte,
und ihn zurückzieht. Dennoch sieht er ihn und weiß, er ist!
Genug Vergleiche! Wer den nicht versteht, versteht den anderen auch nicht!
Viele Dichter haben schon tief geschrieben über die Erwartung.

Ich aber sage: Dürstendes Tier, du siehst den Wassernapf und darfst nicht trinken!

ERZIEHUNG

An ein zwölfjähriges Mädchen:
„Wenn du es ganz genau wissen willst, Martha-Maria, ob du jemanden wirklich gern hast, so verlasse dich nie auf dein eigenes gesprochenes Wort: ‚Ich hab Sie gern!‘, sondern denke sogleich nach, ob es dich mehr freuen würde, ein geliebtes Buch, eine geliebte Puppe oder irgendeinen deiner geliebten Gegenstände dem Betreffenden zu schenken, als es für dich selbst zu behalten! Dann wirst du erst es genau wissen, ob du jemanden wirklich liebhast!!!"

*

„Martha-Maria, ich schenke dir heute meine geliebte Lido-Muschelsammlung, in einem braunen geflochtenen japanischen Korb. Ich habe am Strande des Adriatischen Meeres seit dem 3. Mai gesammelt, und zwar unter Tausenden nur die apartesten. Die elf Tigermuscheln jedoch habe ich dazu gekauft, denn, obzwar sie auch zu den Kunstwerken der Adria gehören, findet man sie nie am Strande, sondern muß sie tief fischen wie die Schwämme. Diese Muschelsammlung legte ich mir an als Andenken an den Lido und an manches andere, Freud und Leid, wie es schon so kommt. Nun schenke ich sie dir, Martha-Maria, denn das Wort: ‚Ich habe dich lieb‘ hat ja doch zu wenig Bedeutung und zu wenig Klang!
                                              Dein Peter."

REFORMATIONSZEITALTER

Die Reform der Mode haben nicht unwissende geschäftsgierige Schneider, sondern höchstkultivierte Hygieniker zu dekretieren! Ich dekretiere also für Frühling, Sommer, Herbst 1914: Gehen ohne Kopfbedeckung! Der „Steirische Janker", ohne Gilet zu tragen, in aparten modernen englischen Mustern, homespunartig! Breite kurze Bauernhose, mit Ledergürtel! Es ist eine einfache, hübsche, gesunde, billige Tracht! Für hübsche, gutgewachsene, also magere Damen (die anderen sollen gehen wie sie wollen!): Fußfreier Glockenrock, weite Seidenbluse, kein Hut! Dein Haar, o Fraue, sei dein schönster, apartester, elegantester und billigster Hut, der nie „aus der Mode kommt"! „Die Schneider und Modisten wollen auch existieren!" Diesem Schlachtruf schreien wir entgegen: „Wir wollen keine Schulden machen!" „Wir wollen leicht gekleidet, gesund und hübsch und apart zugleich gekleidet sein!" Alle Vögel des Waldes sind gesund, hübsch und apart gekleidet. Aber bei uns dekretierte ein moderner Architekt: „Gehet so gekleidet, wie der König von England gekleidet geht!" Solche Blödsinne sagen die Vögel des Waldes nie: Gehet wie der Adler gekleidet, unser König!

SPLITTER

Wir sind nicht armselig genug, um ununterbrochen den Segen der Sonne, des zeitlich Aufstehens und des geordneten Lebenswandels genießen zu können!

*

Eine Sache ist nicht so, wie sie ausgesprochen, sondern so, wie sie gehört wird!

*

Eine Dame sagte zu mir: „Pathologisch?! Alles ist doch pathologisch, was wirklich tief sitzt!"

*

Jeder Mensch rächt sich an dem anderen für das, was an ihm selber unzulänglicher ist! Der Dicke an dem Dünnen, der Rohe an dem Sanften, der Langnasige an dem Stumpfnasigen, der Krummrückige an dem Geradrückigen! Und die Frau?! Die rächt sich überhaupt! An dem Mann, daß sie eine Frau ist! Sie muß m., sie muß g., sie muß alt werden und schiech ——— „na wart, Kerl, das sollst du mir büßen!"

*

Viele Männer wissen es ganz genau, daß sie tief unter ihren Frauen stehen. Deshalb stellen sie sich in Gesellschaft absichtlich über sie: „Was hat das dumme Mädi da wieder zusammengeplaudert?!" Das dumme Mädi denkt: „Du armer Esel!"

*

Ein geschmackvoll gefaßter Chrysopras ist schöner als ein hundertmal wertvollerer, geschmacklos gefaßter Diamant! Wenn du eine Dame findest, die derselben Ansicht ist, so heirate sie auf der Stelle. Aber du wirst ledig bleiben!

*

„Je mehr man uns verwöhnt, desto weniger ‚christlich' werden wir, demütig-bescheiden. Daher ist es ‚unchristlich', uns zu verwöhnen!"

*

Ich habe Perlmutterknöpfe gesehen zu einer Krone, die schöner, leuchtender waren als Perlen zu tausend Kronen. So weit muß man es bringen! So weit vor allem muß man die Frauen bringen, diese geborenen Snobs!

*

Deine Haare seien, o Frau, dein schönster apartester Hut! Sie sind schöner als die Federn des unglückseligen Edelreihers, des geplünderten Paradiesvogels und des gerupften Straußes!

*

Wenn ein Mann dir nur mit Geld seine Verehrung beweisen kann, so mußt du zu „Schwartz und Steiner" rennen, seinen Schmuck einschätzen lassen! Freilich kann er früher dort gewesen sein und gesagt haben: „Sagen Sie der Gans 3000!"

*

„Alle Männer sagen mir, daß sie mich schrecklich liebhaben. Aber ich glaube nicht daran. Weil ich an meiner eigenen Wirkungskraft zweifle. Krankenpflegerinnen zweifeln nie daran, daß der Kranke sie liebhabe und an ihnen hänge!"

*

„Ich komme immer wieder doch zu dir zurück!" sagte die Dame zu dem Idioten.
„Ich wünsche mir nicht mehr!" erwiderte der Weise.

*

An einer Frau hängen!? Freilich, man hat dabei etwas wenig Luft und ist dem Ersticken nahe!

*

„Wir verderben es uns mit so vielen Männern wegen Kleinigkeiten, unnötiger Grausamkeiten, Wartenlassen, gelangweilter Mienen, ungezogener Bemerkungen. Aber dadurch erfahren wir es andererseits, wer sich durch nichts abschrecken lasse, uns zu lieben!"

*

Je weniger Aschenschalen du in deinem Zimmer aufstellst, desto weniger verzweifelt wirst du sein, wenn deine Gäste die Asche dennoch wo anders abstreifen. Stelle gar keine auf, damit du die Beruhigung habest, es sei deine Schuld!

*

Eine Lebenskünstlerin. Eine junge Schönheit, der ich eine silberne Tabatiere mit ihrem von mir geschriebenen Namenszuge schenkte, sagte allen Herren: „Schaut's, die hat mir der Baron Wolff g'schenkt. Was, nett?!" Eine erboste Kollegin sagte ihr, es sei die Handschrift des Peter Altenberg, sie kenne sie. Da sagte sie: „Wann der so schreiben könnt!"

*

Ich stehe jetzt immer vor einer Delikatessenhandlung und betrachte die französische, fast runde, lederbraune Birne „Madame Lavallière", vier Kronen, die ich einst einer bestimmten Dame schenken wollte. Wenn ich denke, daß ich mich hätte hinreißen lassen, sie ihr zu schenken!? Es gibt noch befreiende Augenblicke. Jeden Tag stelle ich mich vor die Birne hin!

*

Ich habe es zwar schon einmal geschrieben, aber die Menschheit scheint es vergessen zu haben: „Nicht um die Geliebte weine, die du verloren, um die weine, die dir geblieben ist!"

*

„Das Leben ist eben nicht anders!" sagte das Kaninchen, als es von der Riesenschlange lebendig langsam verschluckt wurde. Dann steckte es resigniert noch den Kopf heraus und seufzte: „Frau Schlange, wenn ich Ihnen nur schmeck!"

*

Bei der Begrüßung von Menschen im Café, Restaurant usw. glaubt man es momentan an den Gesichtern abzulesen, daß sie füreinander ins Feuer gehen möchten; aber bei den ersten ausgeborgten fünfzig Kronen spießt es sich mit dem Feuer.

*

Wasser ist das Ideal aller Getränke; man kann es nur genießen, wenn man nämlich wirklich durstig ist; dann aber mit Hochgenuß!

*

Ich habe immer bemerkt, wenn jemand einem eine schreckliche Komplikation seines Lebens mitzuteilen die Ehre tut, man intensiv auf seine Schuhe schaut und denkt: „Man kann eigentlich doch nur bei Herring arbeiten lassen!"

*

Als die „Graphologische Ecke" mir etwas Ungünstiges schrieb, sagten alle Freunde: „Siehst du, Peter?!"
Als sie mir etwas Günstiges schrieb, sagten alle: „Jeder kennt deine Handschrift! Diese Schlaumeier!"

„Das ist eine Gemeinheit!" sagte daraufhin das Fräulein B. mit den goldroten Haaren.

„Was ist eine Gemeinheit?! Daß Peter so berühmt ist, daß alle seine Handschrift kennen?!"

„Nein, das nicht..."

„Also was denn, was, was?!"

Da wurde sie ganz rot, verlegen und glaubte selbst, daß sie im Unrecht sei!

*

Ich war in „Venedig" in berühmten alten Palazzi, in denen ich nicht einen Tag lang leben könnte. Dann war ich in einem Kuhstall, da roch es wunderbar, und von dem Plafond hingen keine Kristallglas-Lüster herunter!

*

Es gibt Frauen, denen man nicht einmal ein Kalbsgulasch zahlen möchte, und solche, für die man Wechsel fälschen möchte. Aber solche, denen man einfach sagte, so viel habe ich, so viel kann ich entbehren, gibt es nicht! Die „Ordnung" macht ihnen keinen Spaß! Ihm oder ihr?! Beiden!

*

Être enfin arrivé?! Mais c'est de très mauvaise race! Il faut être arrivé au jour de sa naissance!

*

„Ich freue mich, daß ihr bürgerlichen Damen jetzt schon mit dieser genialen Tänzerin E. aus dem ‚Palais de danse' verkehrt!"

„O pardon, wir freuen uns, daß sie mit uns verkehrt!"

*

„Ich hab ja meinen Mann schrecklich gern, selbstverständlich, aber wenn wir noch einmal auf die Welt kommen sollten, den nehm ich mir nicht mehr!"

*

Die Biene ist das Genie unter den Wohnungserbauern. Möchten Sie aber gern mit ihr deshalb ein Leben verbringen?! Es gibt aber Frauen, die mit genialen Wohnungserbauern gern ein Leben verbringen möchten!

DER „FEIGLING"

Einem Bekannten von mir ist etwas passiert, und wenn ich es hiermit verteidige, werde ich es mir mit den sogenannten „Kraftnaturen" verderben! Er ging nämlich um halb ein Uhr nachts in Oberdöbling, von seiner süßen Geliebten weg, nach Hause. Auf dem Wege sprach ihn ein fremder Herr an und bat um Geld. Herr D. nahm ihn aufs Korn und eruierte, daß er sich mit zwanzig Heller nicht zufrieden geben werde. Infolgedessen spendete er eine Krone. „Geb'n S' an Zehner her!" Mein Bekannter öffnete die Brieftasche und überreichte zehn Kronen. „An Zehner, sag i, an Zehner!" — „Ah, der rechnet noch nach der alten Währung!" Und wollte zwanzig Kronen spenden. — „Spielen S' Ihnen nit lang mit mir herum! Und geb'n S' alles her!" Darauf gab er die Brieftasche. „Alles, alles, sag i!" Da gab er die Uhr, den Ring. Der andere ging weg, ohne adieu zu sagen. Mein Bekannter machte keine polizeiliche Anzeige. Er wußte nämlich, daß in seiner Brieftasche sich sein Name mit Adresse befände, und befürchtete die spätere Rache. Einige Tage später sagte eine „Kraftnatur" zu ihm: „Wundern Sie sich nicht, mein Herr, daß ich Ihren Gruß nicht mehr erwidere! Sie sollen sich in einer der letzten Nächte, in Oberdöbling, nicht ‚fair' benommen haben!" Am selben Abend sagte seine süße Geliebte zu ihm: „Is doch gut, daß er dich nicht g'stochen hat!"

TABARIN

Im Tabarin kann man manches lernen, wie überhaupt überall, vieles, vielleicht sogar alles. Aber man muß die Lernorgane dazu haben. Sonst lernt man nichts, nirgends, und verlernt sogar. Augen, Ohren muß man haben und deren Verbindung mit Geist und Seele. Voilà tout. Die Französin also ist nicht eitel, das macht sie vor allem dem „Drahrer" sympathischer. Nie wird sie dich belästigen mit Fragen, wie dir ihre Bluse, ihr Hut, ihr Ring gefallen. Machst du eine günstige Bemerkung darüber, so ist sie glücklich, aber Lob erpressen wie bei uns tut sie nie. Sie hat die Qualitäten ihres guten, freien und dennoch netten Benehmens, denkt nie daran, auf dich zu wirken, sondern wirkt! Ihr ist nie bange um ihre Wirkung, infolgedessen denkt sie nicht daran. Sie ist eine unbewußte Lebenskünstlerin, lebt ihre Persönlichkeit ganz kindlich unverfroren aus, überläßt sich dem Schicksal, hat künstlerisch leichten Sinn, und ihre Niederträchtigkeiten haben noch die Gloriole kindlichen Unwissens! Man zürnt ihr nicht, das ist es! So wenig man einem Vögelchen zürnte, das einen aus der Luft oder von einem Baumast aus bekleckste! Es ist peinlich, aber man zürnt ihm nicht, eher sich selber, daß man gerade dort hat sitzen müssen! Die Wienerin ist eine Erpresserin, betrachtet dich von vornherein als einen Geizkragen, der nicht genug „auslassen" wird und dem man es daher unerbittlich „herauskitzeln" muß. Der Champagnerfleck, den du auf das Kleid der Französin machst unabsichtlich, erzeugt bei ihr einen einzigen tragischen flüchtigen Augenblick, während die Wienerin sich verfärbt, gleichsam alt und krank wird und dir es mitteilt, daß das Kleid dreihundert Kronen koste und wie sie dazu käme, kannst net aufpassen, Ochs?!

Die Französin kümmert sich niemals um deine Laune, Gast, um dein seelisches Wohlbefinden. Sie tut, was sie kann, und vor allem, was sie will! Die Wienerin ist ununterbrochen auf der Lauer um deine seelische Laune ihr gegenüber, da sie einerseits weiß, daß ihr momentanes ökonomisches Glück davon abhängt, anderseits es ganz genau fühlt, daß sie mit ihrer stieren Persönlichkeit nichts dazu beitragen kann, deine Laune zu verbessern! Die Französin wirkt mit ihrer Persönlichkeit, die Engländerin mit ihrer Reinheit, die Wienerin mit ihrer Stierheit!

Frauen sind zu werten außerhalb der Weltkonstellationen!

SPLITTER

Gespräch meines Zimmerkellners mit dem Küchenmädchen über meine letzten Aphorismen. Er: „Wenn man nur wüßt, wo der Mensch diese Einfälle alle hernimmt!?" Sie: „Er hat doch den ganzen lieben Tag nix anderes zu tun!"

*

Bekenntnis einer schönen Seele: „Das peinlichste in der Welt ist, wenn man an einem Mann gar nichts auszusetzen hat und sich doch mit ihm tödlich langweilt!"

*

Die Liebe: Ich habe für eine bestimmte junge Künstlerin eine direkt mystische Verehrung. Ich habe daher mein allerschönstes P.-A.-Kollier, Glas, Holz, Seide, arbeiten lassen und werde es ihr zum Selbstkostenpreis überlassen!

*

Es gibt Damen, die im „Tabarin" etwas ganz Besonderes sich erhoffen. Das sind „Drah-Dilettantinnen". Zum „Drahn" gehört vor allem die langjährige gute Erziehung, vom Leben sich nichts Besonderes zu erwarten!

*

Die kleine Philosophin:

„Mit die Champagnerwurzen is es wirklich ganz merkwürdig. Einmal kommen dir drei auf einmal, und einmal wieder kommt gar keiner. Und dann kommt dir einer, der kein Geld hat. Und grad der wär so nett, wann er a Geld hätt! Und grad so aner hat dir kans!

Ergebenst Finerl."

55. GEBURTSTAG

Wien, 9. März 1914.
Peter Altenberg,
und ich muß Ihnen jetzt doch schreiben. Ich dachte: ist es nötig? Ja! Für mich! Ich muß Ihnen schreiben, nicht damit Sie vielleicht in einer Ihrer Sachen dann erwähnen: „Die und die schrieb mir..." nein, sondern Sie, Sie sind derjenige, zu dem man sprechen, wirklich sprechen kann. Ich schreibe Ihnen nicht so, wie man Schriftstellern schreibt, sondern als einem von den furchtbar Wenigen, die wissen, was das bedeutet, wirklich ein Mensch sein wollen! Ich antworte ganz einfach auf all das, was Sie mir in Ihren Sachen gesagt haben. Denn mir — mir haben Sie das alles gesagt — ja, es ist für alle andern auch, ich weiß — aber eigentlich doch nur für die, die es verstehen. Die fühlen: das gilt dir! Sie sagen einfach das, was man selbst schon hundertmal empfunden hat, vielleicht auch hat aussprechen wollen — und da steht es nun — ganz selbstverständlich, und man weiß, es ist das Richtige, das einzig Wahre, wie es ist — oder sein sollte.

Aber eines: woher — woher haben Sie diese Zuversicht, daß die Menschen, die Welt sich einmal ändern werden? Denn nötig wär's schon... Sie sind über fünfzig, nicht wahr? Nun, ich bin neunzehn, aber ich bewundere Sie darum. Ja, vielleicht, wenn alle das einmal verstehen würden, was Sie sagen, und immer wieder sagen — aber hört denn jemand zu? Ja, ich höre — aber es müßten ja alle andern es auch! Dann vielleicht ———! Aber was nutzt es, daß ich —

nachdem ich Ihre Sachen gelesen habe, Sie für den Lebenserhalter und Lebensförderer halte, und alle, denen ich es zeigen will, mich dafür auslachen? Herrgott, ich möchte ja allen sagen, daß es toternst gemeint ist, was Sie schreiben — und daß es sehr traurig ist, darüber zu lachen. Und ich möchte nur einen einzigen Menschen finden, mit dem ich über Sie sprechen kann, wie Sie wirklich sind. Ich glaube, ich könnte über Sie sprechen, wie über jemanden, den man lange und gut kennt, so genau sind Sie in dem drin, was Sie schreiben — nämlich das, was wertvoll ist an Ihnen. Sonst sind Sie vielleicht ein Hund!

Deshalb kann ich zu Ihnen so reden, als würden auch Sie mich kennen. Und ich bin gespannt, was Sie mir in Ihrem nächsten Buch zu sagen haben. Denn ich habe jetzt alle Ihre Sachen gelesen — und kann nichts tun als versuchen, das, was Sie darin sagen, was Sie raten, selbst zu erproben. Ich glaube fast, man braucht dazu ein ganzes Leben — — —

Peter Altenberg, ich danke Ihnen. Sie haben mir das gegeben, was ich brauche: den Glauben, daß trotz und trotz allem die Menschen noch so werden können, wie Sie sie sehen. Und Sie sehen sie, freilich aber nach tausend Jahren!

Paula Schweitzer.

LYRIK

Ich habe eine falsche, ja sogar eine ganz falsche Ansicht irgendwo gelesen über das Wesentliche des lyrischen Dichters. Das hat mich gekränkt. Denn erstens kränkt mich jede unrichtige Ansicht, zum Beispiel, wenn man sagt, das Eiweiß sei wertvoller als der Eidotter, oder Reis gebe keine Kraft, obzwar die Japaner damit Port Arthur doch eingenommen haben; und zweitens ist es ganz falsch, den lyrischen Dichter anders zu beurteilen als: ein idealer Gipfel der Subjektivität, wodurch jede seiner Einzelempfindungen sich zugleich erhöht zur Empfindungsweise aller Herzen, also sich zur Objektivität steigert oder sozusagen kristallisiert! Jeder unglücklich Liebende ist ein „Werther", jede nicht erhörende anständige Frau ist eine „Lotte". Und Goethe hat seine subjektive unglückliche Liebe zu Frau Lotte Buff so geschildert, daß sie den Ewigkeitswert für alle subjektiv unglücklich Liebenden und alle subjektiv einen nicht erhörenden sogenannten anständigen Frauen erhalten hat, also, item, objektiv geworden ist! Wer mir dagegen widerspricht, ist —— ein Widerspruchsgeist. Und die kann ich nicht ausstehen. Wenn ich die Bergalmen so schildere, daß jeder sagt: „Ja, so ist sie, meiner Six, da gibt's gar nix!" dann bin ich ein subjektiv-objektiver Dichter der Bergalm, also a Lyriker.

Wenn meine Träne von allen agnosziert wird als ihre Träne, wenn mein Lächeln von allen agnosziert wird als ihr Lächeln, wenn meine Eifersuchtsqualen zugleich von allen als ihre Eifersuchtsqualen gefühlt, gelitten werden, ich also nur das tönende Herz aller, leider stummen, bin, indem ich es sage, mitteile, hoffentlich aber ohne Reim, so bin ich ein lyrischer Dichter! Der lyrische Dichter unterscheidet sich von dem lyrischen Menschen überhaupt nur dadurch, daß er aussagt, was jener verschweigt! Diskretion in Herzenssachen ist, wie Diskretion in sexuellen und in ökonomischen Sachen, immer nur ein Zeichen, daß irgendwo irgend etwas irgendwie nicht ganz koscher ist und das Licht des Alltages zu meiden hat! Der Dichter hat nichts zu meiden!

DER TOD EINER SAMARITERIN

Komtesse Lubienska vom Schnellzug getötet

Krakau, 24. März.

Gestern abend ereignete sich auf der Eisenbahnstrecke Krakau—Zakopane ein schwerer Unglücksfall, dem die neunzehnjährige Tochter des dortigen Großgrundbesitzers Grafen Dr. Felix Lubienski zum Opfer fiel. Die Komtesse, die in der ganzen Umgebung wegen ihres Wohltätigkeitssinnes allgemein verehrt wurde und der Bauernschaft in Erkrankungsfällen stets erste Hilfe leistete, erhielt gestern abend die Nachricht, daß eine Bäuerin in einem nahegelegenen Bauernhofe im Sterben liege. Sie begab sich unverzüglich auf den Weg dahin, und um diesen abzukürzen eilte sie durch den Schloßgarten, der von der Eisenbahnlinie Krakau—Zakopane durchschnitten wird. Beim Versuche, das Geleise zu übersetzen, wurde sie von dem eben die Stelle passierenden Schnellzug erfaßt und getötet. Man fand die junge Aristokratin als gräßlich verstümmelte Leiche auf.

Als der tragische Tod der Komtesse in der Umgebung bekannt wurde, strömte die Landbevölkerung in Scharen nach dem Schlosse, um an der Bahre der allverehrten Wohltäterin Gebete zu verrichten. Das Leichenbegängnis wird sich zu einer Trauerkundgebung der ganzen Bauernschaft im weiten Umkreise des gräflich Lubienskischen Besitzes gestalten. Und gerade diese mußte überfahren werden!? Zum „überfahren-werden" sind doch andere da! Wenn ich da an Paula, Esthère, Anna, Mitzi denke und diese anderen — — — „Samariterinnen"!?

DIE STUPIDITÄTEN DER VOGEL-STRAUSS-POLITIK

„Nein, sie erzählt mir merkwürdigerweise wirklich alles, alles, ich habe mich wiederholt, sogar zu meinem Erstaunen, davon überzeugt!"
Ochs!

*

„Ich gebe zu, daß sie sich gern amüsiert — — —."
Ich geb's auch zu. Gebn S' noch etwas zu, daß mer auf gleich kommen!

*

„Sie ist ja noch ein halbes Kind — — —."
Ja, aber die andere Hälfte ist ein ausgewachsenes Mistvieh!

*

„Sie sagt immer ‚Maxl' zu mir, und zwar so herzig — — —."
Ich höre immer nur heraus „Herr Idiot", „Herr Nebbich" und von herzig keine Spur.

*

„Muß man denn gleich das Schlimmste von jemandem denken?!"
Nein, das wäre unbequem.

*

„Meine Frau ist sparsam. Sie braucht nur das für sie Notwendigste!"
Ah, da schau her.

*

„Ich habe mir trotz allem noch eine gute Portion Optimismus bewahrt!"
Sie meinen wohl eine riesige Portion Kretinismus!

*

„Ich habe so viele Beweise ihrer Anhänglichkeit," sagte die Maus von der Katze;
ja wirklich, sie hatte sie zum Fressen gern.

*

„Wir wollen doch nur auf eine angenehme Weise getäuscht werden!"
Wie ist das?!?

*

„Sie hat eine solche Freude über meine Blumen!"
Über Ihre Blumen!

*

„Sie ist fast die ganze Hälfte des Jahres so nett zu mir — — —!"
Ja, sechs Wochen vor Weihnachten, sechs Wochen vor ihrem Geburtstag, sechs Wochen vor ihrem Namenstag und sechs Wochen vor deinem Besuch in ihrem Seebad. Macht schon ein ganzes halbes Jahr!

GEISTIGKEIT

Vergeistigung ist, wenn die äußerste menschlichste Zärtlichkeit sich ins Körperliche hinüberretten, sich befreien, sich dokumentieren muß, weil man es absolut nicht mehr bei sich behalten könnte! Meine Schwester Gretel mußte, besonders in der letzten schweren Zeit, dem geliebten 85jährigen Vater ununterbrochen leise über die silberweißen Haare streicheln, sonst hätte sie diese Fülle von aufgestapelter Angst, Sorge, fanatischer Anhänglichkeit unmöglich aushalten können. Sie mußte ihn streicheln, ihm in die Augen schauen, seine Hände berühren! So sei der Liebende; die Liebende! Nicht anders! Der Hund muß vor zärtlichster Anhänglichkeit wedeln, irgendwie muß er seine tiefe Liebe zu dir äußerlich ins Leben hinaus, körperlich dokumentieren, ja dir beweisen und leicht plausibel machen! Er weiß, daß du sein Innenleben sonst nicht ganz erfassen kannst! So sei alles Körperliche nur der letzte plausible Ausdruck einer tiefen seelischen Angelegenheit, die ans Licht des Tages gelangen will und keinen Grund hat, sich länger zu verstecken! So sei der Kuß und jegliche Berührung! Die innere Zärtlichkeit wird endlich herausgeboren in die Welt, braucht sich nicht zu genieren, kann es sogar nicht, da sie zum Lebenmüssen erstarkt ist! Unentrinnbarer Zwang sei die Devise des höchstkultivierten Organismus, nicht spielerische Tändelei! Alles stehe unter den heiligen Schutzfittichen der Natur, und die Berührung geliebter Finger sei nur der Ausdruck unabwendbarer seelischer Anhänglichkeiten!

Alle körperlichen Dinge aber sogleich körperlich empfinden, ist ein Zustand von sogenannter „reizbarer Schwäche", das heißt, man hat nicht Zeit, seelisch auszureifen! Dante konnte sieben Jahre für die vergötterte Beatrice seelisch ausreifen! Es gibt ein herrliches Lied, mit dem Refrain: „Zeit — — — nur Zeit!" Sich „Zeit nehmen" ist die edle Ermahnung von Volksschullehrern an ihre Schüler. Ja, wertvolle Frauenseelen mahnen eigentlich immer ängstlich: „Es wird schon die Zeit kommen — — —." Zu jeglicher „Vergeistigung" ins Körperliche braucht man Zeit, und die vorschnell gepflückte Stunde ist ein Verbrechen und eine Ungeschicklichkeit, die du an dir selbst begehst! Reizbare Schwäche!

APOLLOTHEATER

Märzprogramm. Vor allem meine Bewunderung für Gussy Holl, Diseuse. Gleich bei der ersten Strophe der Bauernparodie, weiß, spürt man sogleich, daß man eine ganz echte und leichte, also graziöse, mühelose Könnerin vor sich hat, die dem Publikum nichts abtrotzt, sondern von selbst alle sogleich zu dankbaren Freunden hat! Ihre Komik ist komisch, ihre Talente sind nicht enderschöpft in ihren Darbietungen, sondern dahinter steckt gleichsam ein noch gänzlich unausgeschöpftes Repertoir sämtlicher lustigen und tragischen Lieder des herrlichen Hannes Ruch, der natürlich seit Marya Delvard in Wien entschwunden ist. Seine einst von Mella Mars gesungene herrliche parodistische Tarantella wäre so ein Schlager für Gussy Holl. Sie kann nämlich noch viel mehr als sie kann, das ist das Befreiende bei ihren Vorträgen, daß sie nicht immer nur „ein Letztes, Mühseliges" mühselig herauspreßt, wie viele, die ich leider nicht nenne. Kunst muß leicht, lächelnd, kindlich, mühelos sein. Wunderbar ist ihre Parodie der Japanerin „Hanako", ein tragisches Äffchen! Sarah Bernhardt mit der Spukarie aus „Kameliendame" sollte sie auslassen. Das ist zu billig. Die Bernhardt muß sie in ihrem übertriebenen französischen Racine-et-Corneille-Pathos parodieren! Reizend macht sie den „Damenimitator", und als Zugabe: „Fritz Grünbaum". Ein herziges Kunstwerkchen sind allein schon ihre zierlich-kindischen Verbeugungen, und überhaupt alles an ihr, jede Bewegung haucht „Persönlichkeit" aus, für die sie nichts kann. Man ist direkt dankbar, daß sie da ist, was man nicht von allen behaupten kann, die uns mit Liedern und Rezitation bel—glücken! Möge Gussy Holl, die Könnerin, ihr Repertoir ausdehnen bis zu tragischen Balladen! Eine herrliche Sensation ist die amerikanische Keulenschwingertruppe The five Morton. Ein Abend im Parke eines Sportklubs: Wirklich spielen und singen diese „körperlichen Hocharistokraten" nur gleichsam für sich selbst und werden nur zufällig von Direktor Ben Tieber dafür bezahlt. Man glaubt es fast gar nicht, daß sie für Gage spielen. So etwas kann man auch eigentlich nicht bezahlen. Klothilde v. Derp tanzt mit einem Partner idealisierte Bauerntänze zu Chopin, Opus 69 Nr. 2 und Opus 34 Nr. 1. Jedenfalls ist sie und tanzt sie überaus lieblich. Ob es Chopin ist, weiß ich nicht, es ist „Tanz" mit Musikbegleitung. Mit den Haxen kann man nicht denken! Und mit dem Gehirn kann man nicht tanzen! Die drei Clowne „Alvaretta" sind unübertrefflich. Mit neun Tönen a la Kikeriki bringt der eine alle Lustigkeiten herbei, und der andere mit einer unverständlichen Anrede an das Publikum. Lustig wirken, mit geringen Mitteln, heißt „große Mittel" haben! Die Alvarettas sind mustergültig! Sehr gut ist das Nachtigallen-Liebesduett, Parodie aus der Vogelwelt, von Robert und Bertrand. Bei Mc Leans sind die allerherrlichsten rostroten Haare der hübschen Tänzerin allein schon ein Kunstgenuß, obzwar sie echt sind! Diese rostrote Mähne so zu schütteln ist wunderbar. Da sieht man wieder, daß es nur einen Hauptschmuck gibt der schönen Frau, ihre Haare, und nicht ekelhaft teure Hüte mit unglückseligen Tieren ausgerupften Federn! Der Sketch mit Charlé, Brand, Bachrich, Brenneis ist sehr lustig. Fragt mich nicht nach dem Inhalt, denn das Erröten steht mir nicht gut! Die zwei „Spaniels" der Gaudsmith haben mehr Verve und Freudigkeiten als die meisten menschlichen Akrobaten. Ihre Lust, sich zu produzieren, ein hündischer, aber diesmal edler Ehrgeiz, ist rührend!

SPLITTER

Zum Singen gehört die heilige Trinität: ein feines Ohr, eine feine Seele, ein feiner Geist! Die meisten haben höchstens ein feines Ohr. Und das haben sie meistens nicht!

*

Es ist angenehmer, mit Frauen zu verkehren als mit Männern! Die Frau denkt: „Ich versteh einmal gar nichts. Er versteht vielleicht auch nicht viel. Aber mehr als ich versteht er jedenfalls!"

*

Eine Dame sagte zu mir: „Wissen Sie, was mir an Ihnen am meisten imponiert hat?! Daß Sie wissen, was eine ‚legierte Suppe' ist! Das weiß der Hofmannsthal nicht und der Dehmel nicht und der George nicht. Der Shaw weiß es vielleicht, aber er wird uns zum Narren halten und uns erklären, daß es eine Suppe sei, in die uneheliche Kinder hineingesprudelt werden!"

*

„La forme littéraire de son esprit était — — — la lettre!"

La forme littéraire de son esprit était: la conversation!

La forme littéraire de son esprit était, de mettre la main tendrement sur les genoux d'une dame pendant le souper!

*

Es ist eine Bestialität, bei Tag und bei Nacht auf der eigenen Loblauer zu liegen!

*

„Eine Dame läßt man nicht warten," ist von Anno 1870, zur Zeit des Börsenkrachs.

*

Attachements an Frauen werden immer bestraft. Selbstverständlich. Solche horrende Stupiditäten können gar nicht genug bestraft werden.

*

Es gibt dreierlei Menschen, die kein Geld haben: die Verschwender, die Geizigen und die Armen.

*

Man muß wenigstens der Leithammel seiner eigenen Schafherde werden können!

*

An der Frau erlebt man nicht nur die Enttäuschungen, die sie uns bereitet, sondern auch jene, die wir ihr bereiten!

*

Ein glückliches Paar: Er tut, was sie will — — — und sie tut, was sie will.

*

Es ist traurig, eine Ausnahme zu sein. Aber noch trauriger ist es, keine zu sein.

*

Bekehren?! Man kann einen Vogel nicht dazu bekehren, daß unter Wasser zu atmen leichter, angenehmer und gesunder sei! Dazu kann man nur einen Fisch bekehren!

*

Bei der Auswahl eines japanischen Papierkorbes kamen sie ganz auseinander. Sie sagte: „Wie gut, daß es nicht erst im Bett geschehen ist!"

*

Die Französin:
„J'ai vu dans un certain théâtre un certain Girardi, qui m'a fait une certaine impression dans une ville qui m'en a fait aucune!"

*

Im Augenblick, da man eine Frau „sein eigen" nennt, ist sie es schon nicht!

*

Auch der Hund ist nur wertvoll, weil er sich nach uns sehnt, wenn wir nicht da sind. Ein Hund, der sich nicht nach uns sehnt, ist ein Hund!

*

Es ist nicht wahr, daß man eine geliebte Frau sein eigen nennen will, man will vor allem nicht, daß der andere sie so nenne!

*

„Aber Peter, deine Angeschwärmte macht sich doch lustig über dich!"
„Ich würde mich schämen, so wenig kompliziert zu sein, um von der Dame verstanden zu werden! Außerdem habe ich eine Glatze und kein Geld."

*

„Langweilen Sie sich nie mit dieser Person, Herr Peter?!"
„Nein, sie mit mir!"

*

Das Publikum ist für sein Geld gern reserviert, ohne Stimmung. Ich bin für das Geld von anderen gern stimmungs-voll!

*

Hedi Weingartner, Mademoiselle Morvay, Elsa Török, Paula Hein und eine goldrote Fremde sind die besten Tänzerinnen im Saale! Ist das ein Aphorismus?! Nein, aber wahr ist es!

*

Die maurische Tänzerin tanzt mit den langen graubraunen Händen und Fingern anmutiger als viele andere mit den langen weißen Beinen!

*

„Was spricht man mit so einem Mädchen den ganzen Abend?!"
„Dasselbe, was man mit der Antilope, der Gazelle und dem Kolibri spricht! Man bewundert sie!"
„Und das genügt Ihnen?!" sagen immer diejenigen, denen etwas noch viel weniger Wichtiges genügt!

*

Paula Hein tanzt unübertrefflich Tango! Wenn sie noch dazu ein Kollier von erbsengroßen Perlen eines Grafen umhätte, würde das Publikum ihre Kunst anerkennen!

*

Heute, Sonntag abend, treten Esthère und Hélène zum erstenmal auf. Es ist, wie wenn man sagte: „Punkt elf Einzug der Göttin Anmut!"

*

Die russische Truppe Glazeroff ist „ein feuriger Wirbelsturm". Mancher könnte von ihnen Elan lernen! Aber „Elan" erlernt man nicht!

*

Die lange, edel gebaute Engländerin Deeley tanzt in einer weiten, langen, himbeerfarbigen Samthose (Herrenhose) und mit gelben Holzpantinen. Wenn ich denke, wie Frau Kl........ erst darin ausschauen würde! Aber sie trägt leider „Paquin-Modelle"!

*

Frauen haben nicht nur **fünf** Sinne mitbekommen, sondern auch einen **sechsten** und **sogar** einen siebenten Sinn für **alle** Lächerlichkeiten und Eitelkeiten des Mannes, der sie verehrt! **Er** aber glaubt alles **ausgleichen** zu können mit seinem — — — Geiste!

*

Hedi Weingartner ist im Apollosaal unbedingt die ideale Repräsentantin der **Wiener Tänzerin:** Eine riesige **Verve,** gutmütig, ein edel-süßes Gesichterl, bescheiden, lebenslustig und dabei doch innerlich ganz traurig. Worüber? Fragen Sie doch **Franz Schubert** und **Hugo Wolf!**

*

Von der Idee, daß es einer Rose im Glase vielleicht weh **tut,** wenn sie an eine andere zu nahe angepreßt ist und sich nicht entfalten kann, bis zu **der** Idee, daß es jemandem, der einen liebhat, vielleicht weh tut, wenn man — — —, ist ja nur **ein** Weg, der **Weg des Herzens!**

*

Tanzen: Zuerst tanzt man **zu wenig;** hernach tanzt man **zu viel,** und bis man's **kann,** tanzt man weder zu wenig noch zu viel, sondern **gerade recht!** Ist es mit **allem so?!** Ja, mit allem!

*

Würde! Würde ist nichts anderes als so viel zu können, daß man's nicht mehr nötig hat, es zu zeigen!

*

Wenn eine Frau einen **sehr, sehr** gern hat, so bemerkt man **dennoch,** das heißt, man bemerkt natürlich **nicht,** daß sie neben einem, ganz neben einem, hinwelkt, matt wird, ganz matt wird und stillschweigend verkommt! Woher, meine Herren, kommt das?! Wissen Sie, was Sauerstoff ist und Verbrennung, Stoffwechsel?!

Es entsteht durch Anregungen, durch Anregungen mancherlei Art. Nur durch Anregungen, von selbst nie, nie! Verstanden?!

*

Wenn wir eifersüchtig sind, entsteht gerade jene Spannung, die die Frau braucht, um den anderen interessant zu werden. Wie sollte sie also darauf verzichten können? Wenn sie uns unseren Frieden läßt, macht sie ein schlechtes Geschäft. Vorläufig hat sie noch uns und die anderen. Später, wieder ein gutes Geschäft, nur mehr die anderen!

*

Frauen nehmen uns drei Viertel unserer Lebensenergien weg. Wenn wir sie aber nicht hätten, hätten wir überhaupt keine Lebensenergien. Freilich, es gibt noch andere Stimulantien unserer Maschinerie: Eitelkeitsbefriedigungen, Ehrgeiz und Geldsucht. Aber das sind Phantome. Der Leib der Frau ist leider eine Tatsache!

*

Der Mörder.

Wenn mein herziges Kanarienvogerl seine ihm notwendige Freiheit durchs Fenster nimmt, so habe ich zu warten, ob das unvernünftige leichtsinnige Tierl ein grauslicher Kater frißt oder ob es in sein Käfigerl „reuig" (ein schönes und blödes Wort!) zurückkommen werde! In keinem Falle habe ich mit der Browning nach ihm zu schießen! Auch dann nicht, wenn ich ein fescher Tangotänzer bin! Verstanden, Sie, Herr von Mörder?!

*

Moderne Schauspielerin:
„Ich will auf der Bühne nicht mehr schreien und weinen, ich will Gedankenstriche laut und deutlich nicht sprechen!"

*

Hausfrau und Gast:
„Bei uns ist es langweilig, aber man ißt gut."
„Dann ist es doch nicht langweilig!"

*

Man kann mit einer „Gefallenen" beisammensitzen, selbstverständlich. Nur mit einer Mätresse kann man es nicht, dieser Gefallenen eines Einzelnen!

*

Waldspaziergang im Herbstnebel:
„Hier, hier ist es friedvoll, hier kann einen nichts stören und irritieren als höchstens eine geliebte Frau!"

*

A la Pschütt-Karikaturen:
Weshalb verzögern uns die geliebten Frauen die letzte Gnade?! Weil sie wissen, daß es ihre letzte ist!

*

Wenn eine Dame über jemanden sagt: „Es ist nichts zwischen uns, man kann nur so gut mit ihm über alles reden!," dann kann sie eben auch so gut mit ihm darüber reden, wann man mit ihm wird — — — wieder reden können!

*

Viele Mädchen, die zum Geschirrabwaschen bestimmt waren, gehen später auf die Fasanenjagd. Sie haben ihren Beruf verfehlt!

*

Der „Tango" ist eine ethische Angelegenheit: er ist der Ausgleich für alles, was der Mann der Frau schuldig geblieben ist! Ihre Verzweiflung heißt: Tango! Irgendwo muß sie sich anständig austoben!

*

Der edle Tango ist eine Platonisierung der Sexualität durch schöne rhythmische Bewegung!

*

Ein Handkuß kann eine letzte Ehrerbietung sein oder eine erste körperliche Berührung!

*

Jeder tanzt den Tango, so wie er selbst ist! Die meisten daher hundsordinär!

*

„Esthère, du wirst nie wissen, was du mir gewesen bist!"
„O ja, aber erst, wenn es für mich einen Seltenheitswert bekommen hat."

*

„Weißt du, daß das Drehen deines Köpfchens beim Tanzen und das Schütteln deiner Locken mich seliger machen als die ganze Gnade jeder andern?!"
„Mein Freund, ich weiß es. Deshalb solltest du mir auch ein ganz besonders schönes Weihnachtsgeschenk machen!"

*

Naturschutzpark:
Gegenden „jungfräulich" erhalten wollen?! Schwer aber verdienstlich!

*

Wenn einem Manne, der selbst unglücklich geliebt hat, ein anderer sich anvertraut in seiner unglücklichen Liebesangelegenheit, hat er das Glück, ihm dieselben stupiden weisen Ratschläge zu geben, die ihm selbst einst gegeben wurden und die ihm in nichts genützt haben, sondern ihn nur weiter hineingerissen haben!

*

Tränen eines Mannes wirken nicht, weil die Frau sie nach ihren eigenen billigen taxiert!

*

Das Eheglück:
Wenn alles glatt geht, dann geht's erst recht schief!

*

Wenn ein Wertvoller sich umbringt, erfährt man es nie, weshalb?! Weil die Wertlosen, die es veranlaßt haben, es vertuschen!

*

„Peter, der Gervaiskäse, den du mir als Souper angeraten hast, hat mir nicht gut getan!"
„Wahrscheinlich hast du dich im Laufe des Tages über irgend etwas ‚gegiftet'!"
„Ja. Aber wie kommt das zum Gervais?!"
„Selbst Gervais wird dadurch unverdaulich!"
„Ja, Peter, Gervais, und sich nicht über Tag giften, so schön und einfach ist das Leben nicht!"

*

„Machen Sie sie mit einer anderen eifersüchtig!"
ist ein perfid-blöder Rat. Denn wenn man sie nicht so
gern hat, daß man ihr eben das nicht antun kann,
dann hat man sie überhaupt nicht gern!

*

„Alles zu seiner Zeit" ist ein großartiges Sprichwort. Die Frauen möchten es gern befolgen! Aber die Männer lassen sich nicht Zeit zu „seiner Zeit"!

*

Zeige mir deine Fingernägel, und ich werde dir
sagen, ob du dich an mir rächen wirst! Wofür?!
Daß meine schöner sind! Ist es mit dem Rücken und
den Beinen ebenso?! Nein, denn man sieht sie
nicht. Aber auf dem Lido?! Ja, dort ist es ebenso!

*

Die einzige Art, den Haß gegen besser Ausgestattete zu besiegen, ist die Bewunderung! Künstler sein ist, das Bessere bewundern zu können, statt es zu hassen!

SEMMERING-PHOTOGRAVÜREN

Lebens-Leitmotiv:

„Wer die Natur liebhat, die schönen Wälder, die
schönen Berge, die schönen Almen, die schönen Bäche,
die schönen Primeln, die schönen Frauen, die schönen
Kinder, die schönen Pferde, die schönen Hunde, die
schönen Katzen, dem kann nicht viel Böses passieren
in diesem sonst ziemlich dürftigen und belanglosen

Erdentale! Die schönen Austern, den schönen Kaviar nicht zu vergessen!

Semmeringlandschaft beim Orthof:

Man verliert sein Herz an so vieles, da kann man es doch auch einmal an etwas gewinnen!

Gloggnitz:

Gloggnitz, ich kenne dich nicht! Aber soll mich das hindern, über dich etwas Feines zu sagen?! Keineswegs. Auf deiner Station spürt, riecht man schon Bergluft. Hier wird die Berglokomotive angehängt. Und Mädchen rufen dir zu: „Schneerosen gefällig, ein Büscherl zwanzig Heller?!" „Bald werde ich sie mir selber pflücken," denkt man und verläßt stolz Gloggnitz, ohne Geldausgaben!

Partie aus Schlagl:

Schlagl, du bist der einsamste Ort auf der ganzen Strecke, also der beneidenswerteste!

Am Schwarzakai in Payerbach:

Siehst du Forellen?! Nein, aber ich ahne sie ——. Dort wo sie zu Hunderten sind, sind sie nicht schöner!

Der Schwarzaviadukt:

Dem Semmering zu! Um diese Gefühle könnt ihr mich wirklich alle beneiden! Aber wenn man das kann, ist man ja selber schon beneidenswert!

Reichenau. Am Schwarzakai im Herbst:

Zu meiner Zeit war diese liebe herzige Brücke, die ins Paradies „Talhof" führt, noch aus grauem morschem sonn-duftendem Holz! Jetzt ist sie prächtiger, doch nicht mehr so prächtig!

Der Talhof in Reichenau gegen die Eng:
Hier verbrachte ich die Jahre (Sommer) von 1869 bis 1880. Ich liebte hier alles, alles fanatisch, inklusive die Talhofherrin Olga!

Im Kurpark von Reichenau:
Gehört Courmachen auch zur Kur?! Das ist doch die Kur!

In der Eng:
Immer ahnte, befürchtete man, erhoffte man Kreuzottern, diese schönen Teufelinnen — — — — nie kamen sie! O ja, in anderer Form! Und ebenso schön von der Natur ausstaffiert! Kreuzottern kann man geschickt packen, daß sie einem nichts tun können! Und wenn sie beißen, kann man es durch Alkoholrausch unschädlich machen!

Die Waißnixmühle in Reichenau:
Dieser Mehlduft war uns wunderbar! Parfümfabrik der Natur!

Holzarbeit:
Auch das Holz duftete wunderbar in der düsteren Holzkammer, wo ich die Vierzehnjährige — — — — küßte!

Kaiserbrunn:
In blankem Blechbecher an langer Holzstange schöpfte man uns Kindern in eiskaltem Schneebergloch das grüne Wasser, das einst die Großstadt beglücken sollte. 1869! Jetzt trinken es alle, Millionen. Es hat seine Romantik verloren, also einen Teil seiner Gesundheit!

Kind im Hühnerhof:

Erwachsene Frauen haben selten so graziöse Bewegungen! Sie füttern aber auch nicht liebevoll Hühner, sondern lassen sich füttern — — — von Ochsen!

Auf dem Krummbachstein:

Da steht einer und vergißt! Und — — — erinnert sich — — —. Ich verstehe, daß man steigt, um fern zu sein. Aber daß man steigt, um zu steigen, das verstehe ich nicht! Man steigt ja doch nicht!

Das Schneebergplateau vom Herminensteig:

Zirbelkiefer, du Zwergmärchenwald meiner Kinderzeit!

Das Baumgartnerhaus auf dem Schneeberg gegen die Raxalpe:

Baumgartnerhaus, Märchengasthof meiner Kinderjahre! In finsterer feuchter Nacht wurde man aus dem Schlaf gerissen, der blutroten Sonnenkugel, auf dem Kaiserstein, entgegen! Sturm brauste, Kühe schliefen auf schwarzen Almen, und in uns ächzte der unausgeschlafene Schlaf!

Der Tiefblick vom Schneeberg auf das Puchberger Tal:

Zirbelholz, Zerben, Knieholz, Latschenkiefer, Sturmgebogenes aber Elastisches im Kampf ums Dasein, ich liebe dich!

Im oberen Höllental:

Schwarzawasser, ich kannte jeden deiner Gurgellaute, dein Brausen, dein Lärmen, dein Schweigen;

besonders dein dunkelgrünes Schweigen in Felsenbuchten!

Das Raxplateau mit den Lechnermauern im Winter:

Ich kenne das nicht. Aber meine Schwester Gretl, die Bergsteigerin, sagte immer: „Wie kann man heiraten, wenn man so etwas hat?!?"

Das Erzherzog-Karl-Ludwig-Schutzhaus auf der Raxalpe:

Die Menschen, die hier sind, sind hier wegen echter wirklicher Angelegenheiten, wegen Schneefeldern, Zirbelholz und Bergsturm!

Die Preiner Wand mit der Preiner Schütt auf der Raxalpe:

Hier werden keine kleinen Kinder malträtiert, hier wünscht niemand Hofrat zu werden, hier fällt Regen, bläst Wind, hier fällt Schnee, braust Sturm!

Der Viadukt über den Gamperlgraben:

Der Gamperlgraben! Selbst das Wort „Gamperl" kann romantisch wirken! Wie wenn eine junge Schönheit dir es mitteilt: „Je vais faire pipi!"

Bahnwächter:

Bahnwächter?! Bist du nicht abgestumpft durch deinen schweren Beruf?! „Woll, woll! Aber schöner is schon als in der Großstadt! Dort wär man noch mehr abgestumpft!"

Das Große Höllental an der Raxalpe:

„Wild-romantisch," sagen die Reisehandbücher. „Friedlich-einsam," sagt das Herz.

Die Kahlmäuer von der Zikafahnleralm auf der Raxalpe:

Die „Rax" kenne ich nicht, aber meine Schwester Gretel, eine berühmte Rax-Kletterin, sagte mir, daß auf den „Zikafahnlern" ganze Strauchwälder von wilden Himbeeren wüchsen! Und es dufte da droben wie kalifornisches eingemachtes Kompott. Meine Schwester Gretl hat nicht geheiratet. Mit den „Zikafahnlern" können Männer nicht konkurrieren! Womit überhaupt, bitte?!

In der Kirche von Maria-Schutz:

Klara Panhans, meine Tränen sollen dich begleiten, da Lächeln mir nicht beschieden ward!

Hier betete ich oft für meine kleine Heilige, die damals zwölfjährige Klara Panhans, dort wo der Bergquell dem Altar entspringt! Eine englische Dame sagte gestern zu mir: „Peter, wieso kommt es, daß man erst nach acht Jahren Ihre Briefe, Ihre Tränen, Ihre Verzweiflung versteht?!" Ich erwiderte: „Gut Ding braucht Weile!"

Partie bei Klamm im Frühling:

Im Frühling ist alles grün — lila — rosig — duftig. Mehr kann man nicht aussagen darüber. Weshalb also reimen und dichten?!

Einfahrt in den Pollerostunnel:

Wenn man „Indianergeschichten" ängstlich las, hatte man ähnliche Stimmungen! Besonders bei der Ausfahrt. Chingachguk wurde also Gott sei Dank doch nicht skalpiert!

Semmeringlandschaft vom Eselstein:

„Hier kenne ich jeden Steig!" sagte der Turist.
„Hier kenne ich jeden Grashalm!" sagte der Dichter.

Gefräßiges Volk; Ziegen:

Ziegenkäse war mein Lieblingskäse. Molkenkäs auf dem Lakaboden. Er ist verschwunden aus der Welt. Er war zu einfach, zu billig, zu gesund!

Orthofstraße gegen den Feuchter:

Sie gingen selbander. Er sagte: „Jetzt erst liebe ich dich ganz!" Sie erwiderte: „Jetzt erst liebe ich die Natur ganz!"

Auf der Straße zum Semmering:

Da fahren sie, die Reichen, fliegen dahin, 45 HP! Und die Armen reden es sich ein, daß „Fußwanderung" einen größeren Genuß biete!

Die Kaltwasserheilanstalt Semmering:

Kaltes Wasser als Heilmittel! Sporen und Peitsche für ein ermüdetes Pferd! Ja, es lauft dann frischer, aber auf Kosten seiner eigenen erschöpften Kräfte! Ich bin mehr für laues Wasser, es wird weniger mißbraucht, weil es nicht so unselig prompt wirkt! Die Menschen wollen sich eben keine Zeit lassen, um gesund zu werden! Um sich krank zu machen, da hatten sie jahrelang Zeit!

Auf dem Semmeringpaß:

Semmeringpaß, schon als Kind erschauerte ich, an der markierten Grenze zweier Provinzen mich zu befinden!

Der Talhof:

Auch ein „Talhof". Aber nicht der Talhof meiner geliebten „Talhofherrin"! Also ein ganz gewöhnlicher Talhof! Ohne Olga W.!

Bei der Bobbahn auf dem Semmering:

Hier frieren „Aristokraten" stundenlang, zum Pläsier! Leider bekommen sie keine Frostbeulen! Sie genießen sogar die Kälte! Schade!

Zuschauer:

Überall gibt es Zuschauer. Das heißt Leute, die sich für etwas interessieren, wofür sie sich gar nicht interessieren!

Bob in voller Fahrt:

Dersteßt euch! Ihr, die ihr keine Zeit habt, den Winterwald anzustaunen!

Auf dem Gipfel des Stuhlecks:

Sie war auf dem „Stuhleck", mit ihm! Man könnte ebenso sagen: „Sie war in der Rotenturmstraße, mit ihm! Wegen dem bissel Schnee?!?!

Das Palace-Hotel im Winter:

Wenn ich nur den Unterschied wüßte zwischen Winter und Sommer, auf dem Semmering!? Im Winter trägt Klara Panhans Winterloden und im Sommer Sommerloden! Alles andere ist doch gleichgültig!

Straße in Spital:

Auch hier gibt es vielleicht alle Laster der Großstadt! Aber man macht kein solches „Geserres" damit! No, malheur, daß mir kane Engel noch nicht sind!

Auf der Kampalpe:
Diese Kühe stören mich nicht! Sie suchen sich ihr Fressen selber!

Briefträger:
„In Wien Briefe austragen muß schrecklich sein! Da hat man nicht einmal auf den anstrengenden Wegen die erfreuende Bergluft!"

Mürzzuschlag gegen die Schneealpe:
Die „Beauté" des Dorfes, Josefa! Aber sie fühlt nicht: „Lieber hier die erste als in Wien die letzte!" Sie fühlt: „Lieber in Wien die erste!"

Hier sah ich noch eine rothaarige Wunderbare, die nach der Großstadt sich sehnt und der die Berge nichts sind, weil sie ihr nicht sagen: „Du bist noch schöner als wir!"

Gemse:
Wenn man sie irgendwo im Geröll an den Felsmauern erschaut, fühlt man: „Die, die hat die Freiheit!" Pumps, schießt sie einer tot und prunkt noch mit dem langen straffen Rückenhaar. „Edelweiß soll man nicht mehr pflücken, Gemsen soll man nicht mehr schießen, ja da freut mich die ganze Bergwelt nimmer!" sagte ein Naturfreund. Wie wenn man sagte: „Kinder soll man nicht mehr prügeln?! Ja, da freut mich ja das ganze Familienleben nicht mehr!" „Mehr Geld ausgeben als man hat, soll man nicht?! Ja, da freut einen ja das ganze Geld nicht mehr!" Gemse, ich erschaute dich freudig auf Geröllhalde, senkrecht stehend! Welches Vergnügen, einen schweren anmutlosen Kadaver aber dann herabkollern zu sehn?!?

SPLITTER

Das Dümmste ist der von lüsternen Weibchen gezüchtete Größenwahn eines mittelmäßigen hübschen Mannes!

*

Es gibt keinen größeren Gegensatz als die Beurteilung einer Liebesangelegenheit von seiten des Beteiligten und von seiten des Unbeteiligten. Der eine hat die Gerechtigkeit des Herzens, der andere die Ungerechtigkeit objektiver Beurteilung.

*

Wenn eine Dame, die man liebhat, sogleich fragt: „Weshalb ist Herr L. nicht mitgekommen?!" so gibt es nur drei Entschuldigungen: Sie liebt ihn, sie „fliegt" auf ihn, oder er macht Präsente. Nun wird man mir prompt erwidern, es könne doch auch bloß eine konventionelle „Liebenswürdigkeit" sein! Eine konventionelle Liebenswürdigkeit, die einem andern eine Qual bereitet, ist aber ein gemeines Verbrechen!

BRIEF AN EINE JUNGE BRASILIANERIN

Chère Lyska,
ce n'est pas l'amitié sexuelle que j'ai pour vous, mais c'est l'amitié pour votre personnalité tendre et exceptionelle, dont on ne pourrait pas se rendre compte exactement, mais qui pourtant a l'effet de régions belles qu'on ne connaissait pas jusqu'alors — — —! Votre voix mélodique, un peu sombre et chantante, vos yeux d'une profondeur mélancolique,

quelquefois comme les boules noires et anxieuses des papillons de nuit percés d'une aiguille dans une boite, encore vivants, votre manière d'être assise, d'écouter, et de marcher, tout à fait infantile et gracieuse, m'émuent plus que le désir m'excite de jouir de vous! Votre personnalité est plus grande que votre féminité — — —. Je voudrai vous caresser, comme une maman exaltée et exagérée caresserait son bébé adoré, et mes baisers surtout sur vos yeux adorés seraient d'une tendresse passionée et sobre tout à la fois — — —. La peau de votre main aimée exhale un parfum surhumain; comme les abricotiers en fruit, dorés et chauffés par le soleil! C'est pourquoi un baiser sur votre main quand elle est un peu chaude, me rend plus heureux que les autres hommes peut-être la possession entière de votre corps merveilleux et d'ébène! Je bois ennivré le parfum de vos mains! De tenir vos mains, vos doigts longs et bruns entre les miennes, me procure un bonheur surhumain, de la tranquillité, de la paix! Et j'oublie mon sort triste! Mais, hélas, que puis je vous donner en récompense?!?

Peut-être par moi et par mon exaltation, votre conscience de votre don céleste de pouvoir faire heureux et paisible! Ce serait alors peut-être la „Bonne Fée", qui a la bonne volonté de guérir les pauvres malades d'âme, les mendians de la vie quotidienne et triste et ennuyeuse! Pouvoir être „Bonne Fée", c'est une mission outre-terrestre et fière! Vous avez reçu pour ces „sorcelleries" votre personnalité rayonnante et douce! En l'acclamant, je vous récompense!

J'aime votre bouche, vos yeux, votre teint pâle

et mystérieux, votre démarche enfantine et gracieuse, votre voix un peu sombre et mélodique, comme les voix dans la nuit tombante, dans les prées, dans les forêts, dans les eaux mortes — — —. Vous êtes autre que les autres. Ce n'est pas un compliment banal et niais. Mais, Lyska, on vous regarde d'un regard plus ému que les autres jeunes filles attrayantes — — —! Vous n'auriez qu'à choisir entre les jeunes gens — je vous bénis — — — le plus riche! Peter.

SPLITTER

Brief:

„Liebwerter Kollega Fr. H., ich möchte es Ihnen gern sagen, daß ich Ihr fünfzehnjähriges Töchterchen ‚Naemi', (der jüdische Name hat ihr Gott sei Dank nicht geschadet!) für eine edelste Vollkommenheit halte. Aber Sie gehören bestimmt zu den Vätern, die mir darauf prompt erwidern werden: ‚Wenn sie nur brav und gesund bleibt!' Gerade zwei Eigenschaften, auf die ich nicht den geringsten Wert lege!"

*

Eine Dame war unliebenswürdig gegen mich. Ich sagte: „Nehmen Sie einen Suppenlöffel voll Cortex Rhamni Frangulae!"

„Wird es mir nützen?!" sagte sie.

„Nein, mir!"

Der befreite Mensch ist stets liebenswürdig, ja sogar zu Gnaden geneigt. Der andere ist mißmutig, geizig, lieblos!

*

Anita hat mich verlassen, weil sie bemerkt hat, daß ich edlere Hände und Füße, einen elastischeren Gang habe als sie! Sie hat sich einen genommen — — — nun, Sie können es sich daher denken wie er aussieht! Anita ist zu mir zurückgekehrt. Sie hat reuig gesagt: „Und eine Glatze hat er aber auch, da bleibe ich doch gleich lieber bei dir!"

*

„Es ist sehr angenehm, einen Mann liebzuhaben, der eifersüchtig ist! Man kann ihn gegebenenfalls gleich loswerden! Der andere, der sich alles gefallen läßt, bleibt picken, trotz allem! Vielleicht braucht man ihn aber doch wieder später, zu irgend etwas!" Ja, man muß vorsichtig sein!

*

Zwei Welten:
„Da ich leider nicht splitternackt herumgehen kann, so muß ich ein Kleid tragen, das mindestens meine nackte Schönheit andeutet!"
„Da ich Gott sei Dank nicht nackt zu gehen brauche, soll mein Kleid vor allem die anderen hinweg täuschen darüber, was darunter ist!"

*

Seide ist feiner als die Haut! sagte der Krätzige.

*

Solange man gesund ist, hat man keinen Grund, sich vor Krankheit zu schützen! Außer der „Voraussichtige"! Der gilt aber als Narr und Hypochonder. Man gönnt es ihm nicht, daß er rechtzeitig auf Mohnstrudel verzichten kann!

*

Weshalb sind die Menschen so renitent gegen Wahrheiten?! Damit sie nicht bei den vielen Unwahrheiten, die man ihnen als Wahrheiten auftischt, Schaden leiden!

*

Als ich auf dem Pordoijoch-Paß ankam, wurde es mir ganz gleichgültig, ob meine Emmy mit dem Herrn Karl — — — unten in der Ebene spazieren gehe! Ich war eben dem Himmel um 2500 m nähergerückt!

*

Eine Frau, die sich an Eifersuchtsqualen weidet, ist ärger als ein Fleischer, der absichtlich daneben sticht, um die Qual des Opfers zu verlängern!

*

„Was wirst du tun, wenn du mich verlierst?!"
„Dann suche ich mir eine Wertvollere!"
„Da bleibe ich lieber bei dir!"

*

Ich glaube nicht an Dauer, ich glaube nur an Augenblicke! Und auch an die glaub ich eigentlich nicht! Ich glaube an den Rausch, das heißt, ich weiß, daß er ein infamer Betrug ist!

*

Ich halte die Volkstracht der venezianischen Mädchen für das Ideal: schwarzer Wollschal, schwarze Strümpfe, schwarze Pantoffel, kein Hut. Man vermeidet dadurch Neid, Eifersucht, Sehnsucht in bezug auf die „besseren"?! Stände. Man errichtet eine Barrikade, eröffnet einen Abgrund, schließt sich aus von dem Unnötigen! Wird frei und stolz!

*

Sei schön nackt! Wie du sonst bist, ist doch belanglos!

*

Ich hätte die Welt regenerieren können mit meinen in Lehren umgesetzten Erkenntnissen. Aber es fehlten mir dazu zwei der wichtigsten Talente: die Allüren eines Hochstaplers und eines Propheten!

*

Philosophie: Er hielt so viel vom Wert des Schlafes für die menschliche Maschine, daß wach zu sein ihm direkt als ein Verlust an Lebenskraft dünkte! Also ein Esel seines besseren Wissens!

*

Die „Kehrseite der Medaille" ist falsch ausgedrückt. Es muß heißen: „Die andere Seite!" Beide Seiten sind nämlich gleich wichtig!

*

Ich, zu meinem Lohndiener Peter: „Sie, Peter, das ist so aufmerksam von Ihnen, so rücksichtsvoll, mir in diesen schweren Zeiten immer alle Extrablätter so pünktlich zu besorgen und durch die Türspalte zu schieben — — —."

„Herr Peter, unsereins ist halt auch neugierig, was vorgeht! Und wir können's uns es nicht kaufen!"

*

Ich warf den ganz unverständlichen chinesischen alten Mystiker in den Papierkorb.

Morgens um $1/_27$ traf ich mein Stubenmädchen auf dem düsteren engen Hotelgang bei der Lektüre dieses Buches. „Das ist doch ganz unverständlich!" sagte ich. „Aber spannend, Herr von Altenberg, aufregend spannend, man kennt sich da Gott sei Dank gar nicht mehr aus. Was man versteht, ist doch so uninteressant! Nicht?! Das weiß man ja sowieso."

*

Einer sagte: „Sehen Sie, Peter, wie ich Ihre Lehren strikte befolge!" Und ließ sich zwei Portionen Gervais zum Souper geben. Er vermischte sie mit dem schwerst verdaulichen Öl, Paprika und Senf! „Sonst hat das öde Zeug ja gar keinen pikanten Geschmack!" sagte er.

*

Ich verzeihe der Frau alles, nur nicht schwarze Poren auf der Nase! Vor allem aber ist der Mann ein Verbrecher, der sie nicht lehrt, mit dem stumpf kurz abgeschnittenen mittleren Fingernagel durch sanftes Pressen sie zu reinigen!

*

Einer Frau sagen: „Sie haben einen unidealen Atem", ist schwerer als ihr zu sagen: „Du Kanaille!"

*

Geld und Sexualität sind die reellen Mysterien des Lebens! Eitelkeit und Ehrgeiz die unreellen!

*

Wenn man von schönen Frauen nichts anderes erlebte, als daß sie den Teint, diesen schimmernden untrüglichen Verkünder von Schönheit und Gesundheit, mit Puder vernichten und dumm-grausam schädigen, wüßte man schon genug über sie!

*

Als ein Mann seine junge Frau brutal und zynisch behandelte, sagte ihr der zu Hilfe gerufene Ochs, der Nervenarzt: „Das ist die sentimentale Verehrung ihres Gatten, nur pathologisch gehemmt und daher ins Umgekehrte umgeschlagen!" Dich sollte man auch um—schlagen, daß du nicht mehr aufstehen und ordinieren kannst!

*

„Haben Sie denn so viele Erfahrungen?!" sagte eine Dame schnippisch zu mir. „Erfahrungen nicht, aber Erfahrung!"

*

Dialog:
„Weshalb, Peter, sitzt Herr L. so weit weg von mir?!"
„Vielleicht nicht weit genug!"
„Und wenn er am Ende der Welt säße, säße er mir noch immer näher als du neben mir!"
„Ja, aber er könnte dann eben doch nicht deinen süßen Atem beim Sprechen spüren!"

*

Subjektivität:
„Si toutes les Françaises, Esthère, ont si peu de miséricorde que vous pour un homme, qui les adore tendrement — — — alors, je méprise la France!"

*

Ein Arzt hat nicht die merkwürdigen Symptome einer seltenen und ihm unverständlichen Krankheit in sein „gelehrtes Wissen" hineinzuzwängen, sondern sich zu sagen: „Bisher war ich also vielleicht doch ein Ochs!"

*

Eine Dame sagte: „Ich bin nur neugierig, ob Sie mir zuliebe Ihre schöne Autofahrt heute aufgeben werden!?" Später sagte sie: „Tut es Ihnen nicht doch ein bißchen leid um Ihre schöne Autofahrt?!" „O ja, sogar sehr, aber zwei Geschäfte kann man eben leider nicht auf einmal machen!"

*

Gesunde Politik: Die englische Paradeissauce mit Curry „Catsup" sollte den französischen Senf als Fleischwürze vertreiben!

*

Wer seine körperlichen Kräfte übersteigt, ist ein Dummkopf, wer seine sexuellen Kräfte übersteigt, ist ein Narr, wer seine ökonomischen Kräfte übersteigt, ist ein Verbrecher!

*

„Ich bin ein Bohemien" heißt meistens: „Ich habe, wie Sie sehen, in meiner Kindheit zu wenig feine noble Guvernanten gehabt!"

*

Man ist nicht immer aufgelegt, seine Geliebte als unmündiges krankes Kindchen zu taxieren! Man hat selber eben manchmal Bauchschmerzen!

*

Landpartie:

„In deiner Gesellschaft gefällt mir die Königswiese, Vorderbrühl, viel besser! Nein, eigentlich: Du gefällst mir viel besser in der Gesellschaft der Königswiese!"

*

„Jessas, dieser Peter hat mir mein ganzes schönes Selbstbewußtsein geraubt! Wer bin ich denn dann noch?!" Eine, die kein Selbstbewußtsein mehr hat, also das Höchste, Bescheidenste, Anständigste, Zarteste, Nobelste, Rücksichtsvollste, Adeligste, und — — — das Glücklichste!

*

Potenz ist, nur das unternehmen, was man kann! Impotenz ist nur, das unternehmen, was man nicht kann! Es gibt auch für den Magenkranken eine Potenz: Weichgekochter Karolinenreis und Gervais mit Salz. Seine Impotenz ist: Rostbratl mit Zwiefel! Ich bin reich, wenn ich weniger ausgebe als ich habe!

*

„Der Gesunde sollte eigentlich alles verdauen können!" heißt: „Ein guter Violinspieler sollte eigentlich auch gut Flöte blasen!"

*

Bergsteiger: „Ich hab eine Freud an mir! Daß ich so gut kraxeln kann und so viel aushalt!"
Bergfahrer: „Ich hab eine Freud an der Natur!"

*

Bessie: „Meine berühmte man Dolf is Bohémian wo es ihm paßt, and like all, wo es ihm auch wieder paßt. Peter is everywhere Bohémian, auch wo es ihm und den anderen gar nicht mehr paßt!"

*

Man sagt immer, daß der Tierbändiger mit dem Blick bändige. Wohl möglich. Aber „aushungern", „prügeln", „Finsternis" wirken sicherer! Wirkung des Geistes, habe ich schon bei der „Marlitt" gelesen, aber eine Watschen wirkt prompter.

*

Auch eine Ohrfeige muß „geistig" sein, d. h. eine symbolische Handlung für „Verzweiflung, Kränkung, Trauer und tiefste Liebe!"

*

Biblisch:
So du die nahrhafte Soyabohne in deinen Mund nehmest und die unverdaulichen Bohnenschalen nicht ausspuckest, sollst du verdammet sein ewiglich!

*

Eine Frau verwöhnen, heißt sich selbst auf ihre Kosten (zu ihrem Schaden) ein teures Vergnügen bereiten!

*

Weshalb fährt nicht Jupiters oder Jehovas Blitz hernieder, wenn eine Geliebte sagt: „Wannst' mich gern hast, so kaufst mir auch so an Schal wie die Finnerl einen hat! Wannst' mich nämlich ernstlich gern hast!?"

*

Die Liebe.
Sehnsucht ist der Wunsch etwas zu haben, was man haben möchte und nicht hat!

Gibt es denn auch eine Sehnsucht nach etwas, was man bereits hat?!?

Ja, wenn man etwas so lieb hat, wie man es lieb hätte, wenn man sich noch danach sehnt und es noch nicht hat!

*

Das Unglück ist, in der Kunst und im Leben, daß dumme Leute oft geschickter sind als die gescheiten! Der Gescheite glaubt es nicht nötig zu haben, auch noch geschickt zu sein, der Dumme weiß, daß er geschickt sein muß! Wenn man dem Gescheiten es beibringen könnte — — — aber kann man einem Gescheiten etwas beibringen?! Er glaubt doch, daß er gescheit ist!

*

Gerechtigkeit ist ein Talent wie ein anderes! Man hat es oder man hat es nicht. Es ist ein religiöses Talent, gerecht sein zu wollen. Zu erlernen gibt es da nichts. Das kommt von oben, das heißt, von drinnen!

*

Die größte Kunst ist es, über einen Graben nicht zu springen, der zu breit ist, um hinüberzukommen!

*

„Memento mori!" sagte jemand zu jemandem, der zu Solokrebsen aufmerksamst roch und sagte, er traue sich nicht, sie zu essen; no probier's, höchstens krepierst du!

*

Ich, zu meinem Lohndiener: „Sie, wie gefällt Ihnen denn meine neue Freundin?!?"

„Herr von Altenberg, ich bin nicht maßgebend. Aber unser Portier, der doch ein verheirateter Mann ist, hat g'sagt: ,Da saget i auch net ,nein'!"

*

„Pétère, Sie ärgern uns oft, aber langweilig sind Sie nie! Die anderen sind sehr nett zu uns, aber langweilig!"

„Welche also würden Sie vorziehen?!"

„Die Netten!"

KRIEGSZEITEN

Ein Delikatessenhändler annoncierte an seinem herrlichen Auslagefenster: „Von 3° Kälte abwärts an kann jeder vorübergehende wirklich Bedürftige für 40 Heller Halbemmentaler und ein Stück schwarzes bestes Hausbrot abends zwischen 7—8 umsonst erhalten! Es werden nur 50 täglich beteilt. Jeder nicht gerade sehr Hungrige nimmt es daher dem anderen weg!"

Ein Dichter schrieb darüber, und alle anderen Delikatessenhändler verpflichteten sich infolgedessen zu derselben Leistung. Es wurden daher an jedem Abend, zwischen 7—8, tausend Hungrige gespeist. Weshalb aber gerade Halbemmentaler?! Der Dichter hatte erklärt, er ersetze vollkommen das Fleisch, für wirklich Hungrige nämlich, und sei billiger als Ganzemmentaler. Und Dichter wissen alles genauer als die anderen. Insofern sie nämlich echte Dichter sind.

SÜHNE

Sie hatte es sich mit ihm für ewige Zeiten durch eine wirklich unmenschlich grausame, vielleicht gar nicht so bös gemeinte Bemerkung verdorben! Trotzdem hing er an ihr, noch drei lange Jahre. Dann, beim endgültigen Abschiede, sagte er ihr es. Er teilte ihr diese ewig eiternde Wunde mit, die in der „Schlacht des Liebeslebens" sie ihm einst grundlos beigebracht hatte!

Da sagte sie ergeben: „Damals hättest du mich schon entfernen sollen aus deiner Nähe!"

„Die Zeit gibt uns genau den Zeitpunkt an, wann wir zu rächen, zu strafen, zu sühnen haben! Man darf seinem Herzen nicht voreilig zuvorkommen!"

DORA 1

In tiefe Freundschaft, Rücksicht, Fürsorge, war ich eingebettet, eingelullt; nein, eingekerkert!
Um als Undankbarer nicht zu gelten mußt ich kuschen!
Ein Hund der Dankbarkeit!
Nun drang mir in meine Kerkermauern ein heller Ruf: „Ich heiße Dora! Und ich verdanke Ihren Büchern alles!"
Ich lauschte diesem adeligen Ruf,
der noch so frei klang von dem Druck persönlichen Empfindens!
Sie gab noch nichts, sie wollte noch nichts geben, und hatte schon empfangen und genossen!
Sie war noch unenttäuscht! Sie hatte die Glatze noch nicht gesehn und die verhärmten Züge — — —.
Sie wußte noch nicht, daß man wegen fünfzig Mark, die der Simplizissimus einem als Monatsgage kürzlich entzogen hatte,
in sich zusammenstürzen könne und zerfallen, greisenhaft-zaghaft werden könne über Nacht!
Sie konnte noch den Rahm abschöpfen einer Menschenseele,
und die wässerig-fade Milch wegschütten!
Eine Lebenskünstlerin!
Sie konnte noch aus Fernen schreiben:

„Ich heiße Dora und verdanke Ihren Büchern alles!"
Es klang ein heller fremder lichter Ruf
in meine Kerkermauern der Alltäglichkeit!

DORA 2

Seit Samstag vormittag, um ½12 gingst du weg,
habe ich mich nach dir gesehnt! Heute ist Mittwoch.
Weshalb kamst du nicht mehr?! Vielleicht deshalb! Eben deshalb!
Du wußtest dich ja doch bei mir, zärtlich versteckt, in mir, in meiner trauernden, sehnsuchtsvollen Seele gut geborgen!
Was brauchst du noch zu kommen, wenn du sowieso da bist!?
Die meisten Frauen wissen, was sie tun, noch besser aber, was sie unterlassen dürfen,
um sich die Gnade unseres Herzens nicht mutwillig zu verscherzen!
Du wußtest es genau an meinem Blick:
„Ich brauch jetzt mindestens eine Woche lang nicht zu kommen!"
Ja, zu kommen brauchst du nicht, monatelang,
es wird dein Bild in meiner Seele nicht verblassen!
Doch wenn du kommst,
wird eine Freude sein in mir,
daß es dich nicht gereuen wird, daß du gekommen!
Was ich erlebt an Sehnsucht und an Trauer in diesen öden Tagen,
werde ich kniend dir auf die Hände küssen!

DORA 3

Er hatte es sich endlich, schließlich vorgenommen,
falls sie doch noch wiederkommen sollte, falls,
nicht von seinem japanischen Lehnsessel aufzustehen,
sondern nur in tiefster Ergriffenheit und Freude zu sagen: „Endlich!"
Das hatte er sich vorgenommen,
in diese Rolle seines Herzens hatte
er sich eingelebt, man kann sagen bei Tag und Nacht,
ein idealer Schauspieler seiner selbst!
Nun werdet ihr wohl glauben, daß, als sie kam,
es doch ganz anders war natürlich
als man sich's in Gedanken vorgenommen!
Nein, es war ganz so.
Auf die Gefahr, euch zu enttäuschen!
Er blieb sitzen, schaute sie lange an und sagte:
„Endlich!"
Nun war sie gekommen und gegangen — — —.
Er sah sein tiefes Unrecht ein an denen,
denen er etwas Besonderes seit Jahren war in ihrem
zerstörten Leben, ein Lichtschein, ein Geleite,
durch ihre Wirrnisse!
Sie war gekommen und gegangen. Und nichts!
Langer Zeiten vielleicht hätte es bedurft, um sie
in jene Welten, sagen wir hinauf zu führen,
in welche jene anderen von selbst, kraft ihrer
Seele, flogen, im ersten Augenblicke der Bekanntschaft — — —. Frauen werden nicht, sie sind!

Es war besser so. Die Sehnsucht hatte mich entbrannt,
und brannte mir die Seele aus, bei Tag und Nacht.
Nun bin ich wieder, kühl, bei denen, die mich schützen!

ZUM HELDENTODE DES DR. FRANK

(Die Einigkeit!)

Berlin, 12. September.

Der Präsident des Reichstages Kämpf drückte der sozialdemokratischen Fraktion die Teilnahme zu dem schweren Verluste aus, den die sozialistische Fraktion und der Reichstag durch den Heldentod des Abgeordneten Frank erlitten haben.

Der Stellvertreter des Reichskanzlers, Dr. Delbrück, richtete an den Präsidenten des Reichstages ein Beileidsschreiben, worin es heißt: „Im Kampfe um Deutschlands Verteidigung fiel als erstes Mitglied des Reichstages der Abgeordnete Ludwig Frank auf dem Felde der Ehre und besiegelte damit die Gesinnung, die er durch den Eintritt als Kriegsfreiwilliger bekundete, mit dem Tode."

DER VORFRÜHLING

Plateau des Hoch-Schneeberges. 2° über Null.
Der Schnee fällt als Regen herab.
In den Bergföhren singt der Sturm.
Das Elisabethkirchlein leuchtet weiß.
Die grauen Schneehalden werden weich und

schimmern naß. Ihr Ende ist gekommen. Sie werden dahinschwinden, in das kurze Gras einsickern.

Man hämmert und klopft in den Schutzhütten.

Die Tragesel hiaaaen und die Hunde bellen freudiger.

Eine Lawine donnert zu Tal, wie der technische Ausdruck lautet.

Im Tale rinnen tausend Bächlein den Flüssen zu.

Kinder finden erste Frühlingsboten, und die Guvernanten fürchten sich vor Husten und Schnupfen für ihre Lieblinge.

Im Hochgebirge ist noch tiefer Winter.

Der Bauer steht da, ängstlich und ergeben zugleich, erhofft sich ein günstiges Schicksal!

Frau K. sagt zu dem Oberleutnant: „Fahren wir hinaus, in die Gelände, ich glaube, es beginnt schön und warm zu werden — — —."

NATURLIEBE

In dem geheimnisvollen verschwiegenen Zauberurwalde, Zauberwirrnis der Wiesengräser führen Hamster und Feldmaus ihr intelligentes Familienleben. Der Mensch schlendert daneben auf dem Wiesenpfad, peroriert, raucht und sieht nichts trotz seiner Naturfreundschaft!

Ein Hofmeister sagte zu seinem geliebten Knaben: „Wir wollen mal den Hamster in seinem intimen Leben beobachten, diesen berüchtigten Geizhals und Sparmeister!"

„Weshalb Geizhals?!"

„Weil er viel mehr Kornvorräte aufspeichert, als er zu seinem Leben braucht!"
„Weshalb tut der Dumme das?!"
„Aus Geiz!"
„Verfolgt man ihn deshalb so unerbittlich mit Haß?!"
„Ja, mein geliebter Knabe, das Notwendige würde man ihm eher nachsehen!"

WITZ

Ein wirklich tiefer philosophischer und bedeutungsvoller Witz:
Nachdem schon Hunderttausende zu Krüppeln geschossen sind:
„Merkwürdig, und gerade mich hat das Schicksal ausersehen und aufgespart, um einen grausamen und ungerechten Weltkrieg noch erleben zu müssen!?"

PLAUDEREI

Habt ihr das schon bemerkt, nein, ihr habt es nicht bemerkt?! Wenn eine geliebte, scheinbar sanfte Frau sich frisiert, sich die Haare waschen läßt, sich anzieht oder speist, bekommt sie einen ganz anderen Gesichtsausdruck. Sie läßt sich gehen, die Komödie hat ein Ende. Selbst mit dem Arzt, dem Schneider, dem Schuhmacher, dem bedienenden Kommis im Geschäfte, ist sie noch ein komödiantenhaftes Weibchen, denn immerhin, es sind noch Männer, wenn auch nicht solche, die man zu täuschen braucht! Aber beim Waschen, Essen, Haaremachen, Anziehen, bricht die schamlose egoistische Bestie hervor und prägt dem Antlitz seine **infernalen Siegel** auf!

Man sollte sie bei **noch viel intimeren** Beschäftigungen zu beobachten die Gelegenheit haben, um es zu erfahren, wie **nichtig** und **unwichtig** sie eigentlich, unbeobachtet, sind!

KAROLINE

„Hochverehrter Meister!

Glauben Sie meiner Freundin, der Karoline, kein Wort! Sie hat sich alles zusammengestellt, um Ihr edles Dichterherz zu täuschen! Sie ist gar nicht beim ‚Roten Kreuz' als Abwaschmadl. Das will sie Ihnen nur patzig vormachen! Auch weiß sie daher gar nicht, ob die verwundeten Soldaten sich nach vielen Zigaretten sehnen. Das ist gemacht, um Ihnen, verehrter Meister, Zigarettengeld herauszulocken! Wohin das Geld marschieren wird, kann man sich denken. Bitte mir dieses Schreiben nicht übelzunehmen. Aber einen Dichter wie Sie so anzuschmieren! Da ließe ich mir eher die Hände abhacken.

Ergebenst Theresia.

p. s. können mir Herr Dichter bis übermorgen 5 Kronen borgen?!"

Kaum hatte ich diesen Brief gelesen, so erschien Karoline und erzählte mir von ihrer Stellung als Abwaschmadl und von den nach Zigaretten schmachtenden verwundeten Soldaten.

Ich schenkte ihr neun Kronen für dreihundert Sportzigaretten.

Dann zeigte ich ihr den Brief der Freundin.

Sie sagte: „So a Mistviech! Gönnt mir nicht die warme Jacken, jetzt wo der Winter anfangt! Sagen's aufrichtig, is dös nicht auch ein gutes Werk?!"

„Gewiß!" erwiderte ich unenttäuscht.

MEINE SCHWESTER GRETL

„Also, mit 69 Jahren warst du von allen Ärzten aufgegeben, Vater, und ich habe dich doch noch durchgebracht bis auf 85! Ich habe für dich gekocht, dich gewaschen, und für absoluten Frieden gesorgt. Freilich, Geliebter, hast du nicht viel davon gehabt. Einige deiner Lieblingsspeisen, deine sieben Trabukkos täglich, deine Ruhe, Tamar Indien Grillon, deine Zeitungsblätter, und im Sommer Aussee, Bauernhaus Nr. 73 im Bergwalde. Für einen zu alten Mann kann man nichts besonderes mehr leisten. Aber du hast es stets gespürt, daß ich dich liebhabe! Das, das hast du Gott sei Dank immer gespürt, trotz deines natürlichen und selbstverständlichen Alteregoismus!

Ich weine mir fortan die Augen heraus, daß ich dir, Vater, nicht mehr dienen kann!"

KRIEG

Krieg, Krieg und Krieg!
Und Greueltaten!
Kinder werfen auf speisende hungrige Helden,

am Mittagstisch neugierig sie umstehend, Handgranaten!
Krieg und Krieg!
Man sagt, die Welt hätte jetzt andere Ziele!
Wenn ein Gewitter ist und es schlägt ein
(man glaubt direkt, die Welt geht unter),
blüht nicht das kleinste Gras dabei, hernach, wie eh und je?!
Man weiß nicht, wie es wird!?
Und immer wieder blüht das kleinste Gras nach seinen friedvollen Geheimgesetzen! Trotz allem!
Kunstdenkmäler werden zerstört — — —
Doch wozu braucht die Menschheit Kunstdenkmäler?! Suppen braucht sie!
Überflüssiges wird man im Pulverrauch endlich als Überflüssiges erkennen!
Und jedenfalls wird man in absehbarer Zeit doch „Werther" wieder lesen und über „Lotte" weinen!
Und Schubertlieder anhören und Beethoven-Adagios!
Und wegen irgendeines gewöhnlichen Mädchens sich das Herz abhärmen, weil, weil, weil — — — weil sie, ha, ha, einen anderen lieb hat!
Heute lesen wir verzweifelt von siedendem Öle, das Mädchen auf Verwundete heruntergießen; und morgen schon sind wir ebenso aufgebracht, weil uns ein Knopf am linken Ärmel fehlt!
Krieg, Krieg! Und Krieg!
Führen wir doch endlich Krieg mit unseren eigenen Miserabilitäten, unseren Schwächen und Unvernünftigkeiten!
Den Feind in uns, Stupidität, Gewohnheit,

Luxus, Vorurteil, innere Feigheit und Verlogenheit, müssen wir bekriegen!

Besonders die Gewohnheit, dieses Lotterbett der Seele!

Sie erschlafft, lähmt und nimmt die Kraft, zu Richtigerem vorzudringen!

Was ich gewohnt bin, fesselt mich an mich!

Und hindert mich, der Welt anzugehören!

Das ist der bittere Krieg, der auszukämpfen ist im künftigen Frieden! Und in uns!

Der Sieg nach außen führe und geleite uns zum „inneren Siege"!

Die Heilandslehre siege in den Herzen!

MEINE TRÄNEN

Lasset mich mich erinnern! Wann, wann habe ich wirklich bitterlich geweint?! Wenn meine Mama abends ins Theater ging oder für Bälle sich langsam frisierte. Aber damals war ich erst sieben Jahre alt. Das gilt nichts. Als Maria Renard in der Oper „Werther", als Lotte, den Abschiedsbrief des Werther vorlas, vorsang, in sich hineinsang! Und dieselbe in der Oper „Manon", als sie in der Steppe verschmachtete, sie, die doch einst, nun wie kann man es ändern?! Lasset mich mich erinnern, wann ich noch wirklich weinte!? Über vieles, das außerhalb und ferne war von meinem Leben. Über nichts, was nah war und mir sozusagen naheging. Da sieht man doch zu genau, daß es nicht dafür steht!

QUOD LICET

Der berühmte Architekt führte seine geliebte junge Frau zu ihrer Namenstagfeier, Bessie, in das Oratorium „Heilige Elisabeth" von Franz Liszt. Ich sagte ihr, sie würde dabei, trotz der versteckten aber nicht offenbaren Schönheiten, vor Langweile krank werden! Sie sagte ängstlich-befreit zu ihm: „Hörst du?!" Nein, er hörte nichts. Nun stelle ich es mir vor, wenn ich, um das „Heilige-Elisabeth-Oratorium" zu hören, meine Geliebte zu ihrem Namenstage hineinbrächte! „Dieser schamlose Egoist Altenberg führt diese unglückliche Person in dieses urlangweilige schreckliche Oratorium, noch dazu angeblich zu ihrer Namenstagfeier, sie heißt nebbich Lisabeta, weil der Hund selbst nämlich es gern hören will! Ah da schau her!" Beim berühmten Architekten hingegen jedoch sagen sie: „Was sagen Sie, was für ein reizender zarter aufopfernder Mensch! Bringt seine Frau an ihrem Namenstage zu dem herrlichen Oratorium „Heilige Elisabeth" und scheut keine Kosten!"

Moral: Non licet Jovi, quod licet bovi!

SIGNOR IO

Jetzt will ich ein bißchen, wie angenehm, über mich direkt mich äußern, nicht versteckt in diskreten Gedichten. Also, selbst meine glühendsten Verehrer werden paff sein, ich halte mich für den Typus des normalen Menschen! Nämlich insoweit auch die Kremoneser Amati-Geige eigentlich der Typus der

Normalgeige ist! Daß sie auf Reize, Fingerdruck und Bogenstreichen, zarter, intensiver, tiefer, anders reagiert als die Marktgeige, die Herdengeige, ist selbstverständlich. Meine fast pathologische, oder ganz pathologische Reizbarkeit auf Eindrücke des Lebens, Natur, Frau, Kind, Musik, Geld, macht mich zum Typus der Reizungsfähigkeiten aller Organe aller Menschen! Daß es bei ihnen nicht so zum sichtbaren vernehmbaren Ausdruck kommt, ist ein Glück für Alle; weil sie Marktgeigen, keine Kremoneser sind! Sie kratzen, und ich töne, voilà tout! Der ganze Unterschied liegt in der mysteriösen Konstruktion!

SPLITTER

Es ist eine große Kunst, Männer auf die Dauer zu fesseln! Eine größere Kunst wäre es, sie auf die Dauer freizugeben!

*

„Diesen Gedankensplitter verstehe ich nicht!", sagte die wunderschöne Mitzi Th. zu mir.

„Weil Sie nie in diese Lage kommen werden! Ein jeder wird gern hängen bleiben!"

AUSBLICKE

Es gibt nichts Gemeineres, nichts Heimtückischeres als den Mann, der, in seiner Herzensangst, seiner Frau, seiner Geliebten, böse erniedrigende Dinge sagt über den, der ihr zärtlichst, anbetend zu Füßen sinkt!

Es gibt nur eine richtige Methode: Der Freund sogleich dessen zu werden, der ohne Besitzglück fast dieselbe Zärtlichkeit aufbringt!

Wir wollen gemeinsam ihr Leben verschönern, Fritz, erleichtern vor allem, erleichtern! Denn jede junge zarte schöne Frau lebt schwer mit einem! Sie war verwöhnt, seit jeher, von Kinderfrauen, Stubenmädchen, Köchinnen, Eltern, Brüdern, Onkeln, Besuchern, ja von der Schneiderin, bei der sie anprobierte, und von dem Schuster, ihrer Füße wegen. Der Handschuhmacher sogar sagte stets: ,,So zarte lange Finger, da wird kein Handschuh passen, die kleinen sind zu kurz, die großen sind zu groß!"

Wie also willst du sie befriedigen, du Glücklicher, der du sie ganz besitzest, das heißt also weniger als alle anderen?! Schließe doch sogleich Freundschaft mit dem Edlen, der dir deine Aufgabe erleichtert, sie glücklich, sie zufrieden zu machen! Und das willst du ja doch vor allem, oder vielleicht nicht?!

Schau, es will sie dir ja keiner wegnehmen, man bringt ihr Blumen und verehrt sie. Und schließlich, auf das bissel ,,Körper" kommt es ja doch nicht an!

Sie soll zufrieden sein. Das ist es vor allem. Laß dir doch dabei ein bißchen helfen. Allein bringst du es ja doch nicht zustande!

DILEMMA

Habe mir von einem großen modernen?!, hi hi hi hi, Künstler, durch drei Jahre es sagen lassen müssen, daß jeder, der Anspruch mache auf das Wort ,,kultiviert" (und welcher Ochs machte es nicht?!), den letzten Knopf an seinem Gilet, zu deutsch Weste, offen lassen müsse, weil der König von England es auch so trage, wenn auch nur wegen seines großen Bauches. Endlich gab ich dem Drängen des großen modernen Künstlers nach, und ich, ich, der bisher nie Gilet trug, sondern nach Art der unkultivierten Amerikaner, farbiges Hemd mit Ledergürtel, ich begann, der Kultur mich fügend, Gilet zu tragen, um den letzten Knopf hierbei offen lassen zu können in der kultivierten Lage mich befinden zu dürfen!

Was aber nun?! Jetzt, da ich mich daran gewöhnt habe, an die Kultur der Weste und des offenen letzten Knopfes, jetzt, da der Engländer nicht das gehalten hat, was er versprochen hat, er hat ja nebbich überhaupt nie etwas versprochen als Sonntags die Cafés zu sperren, jetzt soll ich wieder die farbigen Hemden von Wunderer am Kolmarkt hervorziehen, die ich überhaupt noch gar nicht bezahlt habe?! O großer moderner radikaler unerbittlicher! aber eben deshalb genialer Künstler, in welches Dilemma hast du mich hinein getrieben?!

ROMANTIK

Die dreizehnjährige Rosa Zenoch, die während der Schlacht bei Rawaruska den Verwundeten Trinkwasser brachte und die verwundet wurde und der der linke Fuß infolgedessen abgenommen werden mußte, wurde von Damen im Spital befragt, was sie sich am meisten erwünsche von Geschenken?!

„Taschentücher, Taschentücher, nur Taschentücher!"
sagte sie, schon im voraus begeistert. Taschentücher!
Sich wie eine vornehme zarte Dame schneuzen können,
so etwas ganz ganz Überflüssiges! Das! Sich schneuzen dürfen in etwas, was Wert hat und sogar gewaschen werden kann später!

(GOETHE!) HERMANN UND DOROTHEA
Extrakt

Der Vater
Rief ihm nach: „So gehe nur hin! Ich kenne den Trotzkopf!
Geh und führe fortan die Wirtschaft, daß ich nicht schelte;
aber denke nur nicht, du wolltest ein bäurisches Mädchen
je mir bringen ins Haus als Schwiegertochter, die Trulle!
Lange hab ich gelebt und weiß mit Menschen zu handeln,
weiß zu bewirten die Herren und Frauen, daß sie zufrieden
von mir weggehn; ich weiß den Fremden gefällig zu schmeicheln.
Aber so soll mir denn auch ein Schwiegertöchterchen endlich
wiederbegegnen und so mir die viele Mühe versüßen!
Spielen soll sie mir auch das Klavier, es sollen die schönsten,

besten Leute der Stadt sich mit Vergnügen ver-
sammeln,
wie es Sonntags geschieht im Hause des Nachbars."
Da drückte
leise der Sohn auf die Klinke, und so verließ er die
Stube.

Die Mutter:
„Wenn die Stunde nicht kommt, die rechte, wenn
nicht das rechte
Mädchen zur Stunde sich zeigt, so bleibt das Wählen
im Weiten,
und es wirket die Furcht, die Falsche zu greifen, am
meisten.
Soll ich dir sagen, mein Sohn, so hast du, ich glaube,
gewählet,
denn dein Herz ist getroffen und mehr als gewöhnlich
empfindlich.
Sag es gerad nur heraus, denn mir schon sagt es die
Seele:
Jenes Mädchen ist's, das vertriebne, die du gewählt
hast."

FARBE

An — — —.
Der Mond schimmert mystisch-weiß auf die nächt-
lichen Wiesen — — —.

In Karrara schimmern die riesigen Marmorblöcke,
ausgehauen aus Felsen für ewige Denkmäler — — —.

Weiß schimmert der Bergbach an der braunen
Schleuse herunter — — —.

Weiß schimmert das englische Batisthemd — — —.
Und der weiße Kandiszucker in Kinderhändchen — — —.
Weiß schimmern die Lämmerwölkchen am blauen Junihimmel — — —.
Weiß schimmert die Seele einer Heiligen — — —.
Aber so weiß wie deine Knie schimmert nichts!

DIÄTETIK DER SEELE

Begehrenswerte Frauen haben ein fast geniales Gefühl aller ihrer Unzulänglichkeiten! Infolgedessen verfallen sie entweder in „hysterische Melancholie", das heißt: „Verzweiflung über sich selbst", oder sie suchen sich geschickt einen Idioten aus, der genug idiotisch ist, sie voll zu nehmen, sie trotzdem anzubeten! Nachdem es unzählige solcher verbrecherischen Dummköpfe, Schwachköpfe, Feiglinge, Sexualtiere gibt, wären die Frauen direkt blöd, sich nicht an solche zu halten, die Messing für Gold nehmen! Es gibt genug Männer, die sich der Frau „aufopfern" wollen, im richtigen Instinkte, der Welt und den Menschen sowieso nichts leisten zu können!

Ihre Komödie ihrer „Selbstlosigkeit" ist die Tragödie ihrer eigenen Nichtigkeit und Leere! Einer Frau „dienen" heißt, sich von den heiligen Verpflichtungen, die das Leben dem Manne in bezug auf die Menschheit auferlegt, mit „Senatorenfeigheit und -demut" loszukaufen! „Ich hab sie halt gern", heißt nur: „Ich hab alle anderen Menschen nicht gern!"

Wehe allen denen, Schmach und Schande und Verachtung über sie, die sich z. B. den treuen Blick eines Hundeviehs täglich mit 20 Heller Leberwurst erkaufen! Bei Menschen müßten sie mehr leisten. Aber das können, das wollen sie nicht!

SPLITTER

Zigarettenstopfen für Krieger, aber nicht „Mist," sondern „Pursitschan," 100 Gramm 2 Kr. 60. Das, was Du selbst noch gern rauchst! Das, verstehst Du?!

*

Als ich heute von meiner neuen Zigarettenmaschine, 3 Kronen, schwärmte, sagte mein Stubenmädchen zu mir: „Sie sind doch ein glücklicher meschuggener Mensch!"

SCHULE DES LEBENS

Sie war eine „freche Flietschen," das heißt sie war es gar nicht, sondern sie wartete vergeblich und enttäuscht auf die jedesmalige Ohrfeige, die man ihr hätte unbedingt geben müssen für eine jede ihrer Frechheiten! Aber man lachte, wurde nur verlegen, oder überhörte es. Denkt euch einmal ein Schulmädchen, dem der erste Lehrer alles absichtlich nachsieht, weil, weil, weil — — — weil sie ihm sympathisch ist! „Der Anna g'schieht nix, die darf sich alles erlauben bei unserm Herrn Klassenlehrer! Mir hätten schon tausendmal etwas Fades abschreiben müssen! Aber die Anna ist ja der Liebling!" Ja, der „Liebling" ist ein verlorenes, unglückseliges, schamlos zugrund gerichtetes Wesen! Die haben es „am Gewissen", die es lieb haben!

THEATER UND KRIEG

(Viktor Arnold †.) Aus Berlin wird uns telegraphiert: Das ausgezeichnete Mitglied des Deutschen Theaters Viktor Arnold ist plötzlich gestorben. Dieser echte Menschendarsteller von tiefstem Gemüte und schlichtester, beseelter Einfachheit brach unter den Eindrücken des Krieges zusammen. Seine Nerven konnten den Meldungen von Schlachten und Tod nicht widerstehen. Die Ärzte schickten ihn in Lahmanns Sanatorium, wo ihn der Tod ereilte. Die deutsche Bühne erleidet mit seinem Hinscheiden einen großen Verlust.

P. A. Viktor Arnold war die Natur selbst, an Einfachheit, Tiefe, Humor und schrecklicher simpler Wahrhaftigkeit! Deshalb wurde für ihn nie das große „Tamtam" geschlagen wie sonst für die Hamlets, Romeos, Tassos, Mephistos, Macbeths! Er erschütterte die, die sowieso erschüttert sind, auch ohne Farce!

PHILOSOPHIE

Die Geliebte, in gesunden und in kranken Tagen, nämlich in unseren!

In gesunden Tagen fällt es uns mehr oder

weniger leicht, ihr es ununterbrochen zu beweisen, daß sie die Sonne unseres Seins, unser Labsal, unsere einzige Stütze, unsere Errettung sei! Aber in kranken Tagen spießt es sich, obzwar sie malheureuserweise gerade in diesen als Rettungsengel, Betreuerin, Helferin, ideale Stütze eine Rolle spielen möchte! Gerade jetzt soll ihr, muß ihr der arme Kranke, der nur absolute Ruhe, Schlaf, Darmfunktion, Konzentration auf das eigene geschwächte Ich brauchte, beweisen, daß sie ihm unentbehrlich sei, und muß sich oft stundenlang vom brechen und sch. zurückhalten; aus Angst sie zu enttäuschen!

Was nützt es, daß sie bleich und selbstlos erklärt, sie wolle für ihn die niedrigsten Dienste verrichten?! Von ihr es anzunehmen stört ihn, hindert ihn, demütigt ihn, macht ihn unglückseliger, als er es so schon ist!

Sie sitzt stundenlang an seinem Bette, betreut seinen Schlaf, macht dabei hundert unwillkürliche und willkürliche Geräusche, die ihn aufschrecken, jedenfalls die Tiefe des Schlummers, die absolute Sorgenlosigkeit, das gänzliche regenerierende Versinken beträchtlich verhindern! Ein Kavalier mit Magen- und Darmkatarrh ist eine Unmöglichkeit! Und kein Kavalier sein, ist aber eine ebensolche Unmöglichkeit! Uns es aber erleichtern scheint eine noch größere Unmöglichkeit zu sein für „liebende Frauen"!!!

DER LETZTE WILLE EINES DEUTSCHEN PRINZEN

Prinz Ernst von Sachsen-Meiningen nach seiner tödlichen Verwundung.
Berlin, 14. September. (Privattelegramm.) Der jüngst gefallene Prinz Ernst von Sachsen-Meiningen schrieb nach der tödlichen Verwundung, die er erlitten, auf einen Notizblock:
„Bestattet mich nicht in der Fürstengruft, sondern gemeinsam mit tapferen Soldaten in der Stadt. Ein einfaches Kreuz darauf — dies genügt für Deutschlands Söhne."

BRIEFWECHSEL ZWEIER FREUNDINNEN

Liebe Freundin, wir Frauen haben etwas Gemeinsames mit den Dichtern und Denkern — — — wir interessieren uns nämlich nicht für Lokalereignisse der Menschheit, sondern mehr für das Ganze! Unsere Schwärmereien gehen ins Große, der Frühling, die Berge, die Menschheit. Wir sind schwächliche Träumerinnen, folgen gerne ins Weite den Propheten und Heiligen, den Vorausschauern in eine lichtere Zukunft! Aber siehst du, manches Mal erwischt uns doch ein Lokalereignis bei einem Zipfel unserer Seele! Zum Beispiel jetzt, wenn ich so nachdenke in meinem Zimmer, weiß ich es genau, daß es in ganz Niederösterreich, Oberösterreich, Salzburg, Steiermark, Tirol kein Mädchen geben könne, **unmöglich**, die auf verwundete Helden siedendes Öl herabgießen könnte! **Sie könnten es einfach nicht!** Siehe, **das allein** ist Seelenkultur, etwas ganz Infames nicht leisten zu **können**, selbst wenn man es sogar, **aufgestachelt**, tun möchte! Es nicht tun **können**, sogar gegen seine Leidenschaft! Nicht lügen **können**, selbst wenn einem das Wasser bis an den Mund geht, einen zu ertränken! Nicht gemein sein **können**, selbst wenn es eine **Notwendigkeit wäre**; nicht aus **moralischen Bedenken heraus** nicht **unanständig** sein können, sondern aus der **Genialität** heraus einer mysteriös alles besiegenden Naturheilkraft; da erst erweist sich die **Edelrassigkeit** oder die **Schäbigkeit**! **Wir könnten kein** siedendes Öl herabgießen! Nein, **das könnten** wir nicht, **Gott sei Dank!**

Deine Paula Sch.

AN DIE FRAUEN!

Anno Domini 1914.

Wehe dem Luxus!

Ich weiß es nicht, ob diese bedrängten Kriegszeiten euch noch helfen können, Frauen! Ob ihr nicht durch diese feige schändliche **Verwöhnung** durch die Männer, die von euch **irgendwie** (!?) abhängig sind, schon endgültig in eurer **Psyche** ruiniert, verkümmert, zerrüttet seid! Aber wenn noch ein Funke „idealen Lebens" in euch **Irregeleiteten**, durch Mannes **Schwäche** (angeblich **Kraft**), schlummert, so beweist es nun, indem ihr euch jegliches **Un-**

nötigen sogleich entäußert, und es erfasset, daß ihr das Glück, die Gnade der Selbstlosigkeit, die aller Religionen einzig wertvoller Kern ist, jetzt wieder erringen könnt, und, wenn auch mais un peu tard, in Betätigung umsetzen könnt! Eine richtig, zart, schmackhaft, billig gekochte, nahrhafte, leichtverdauliche Suppe ist wertvoller als alles, was ihr von Dichtern und Künstlern falsch aufgeschnappt habt! Ihr habt euch geschmückt mit den, wirklichen Geistern frech naseweis ausgerupften Federn! Ihr habt es stets ausgenützt, daß der Mann euch braucht! Aber dienen, helfen, fördern, stärken, habt ihr nicht erlernt! Sondern schwächen!!! Erlernt?! Es liegt von jeher in euch!

Der Mann hat nachgegeben, nachgegeben, immer, immer, man weiß warum! Und ihr, angeblich Zartestes in der Welt, habt das nur ausgenützt! Ungezogen, frech und unreligiös!

Ein zart und besonders zubereitetes Gemüse ist wertvoller als alle eure feigen Träumereien, für die Welt! Für den Mann vor allem, diesen Geist, diese Kraft des Lebens! Daß man euch in dieser Weltmaschine „Mann" als Tonikum, als Belebendes, braucht, soll eure demütige sanfte Ehre sein! Nicht eure freche Überhebung! Jedes zarte Rädchen in dieser kompliziert-genialen Maschinerie „Mann" sei sich seines Anteiles am Ganzen frohdankbar bewußt! Aber zu sagen, zu denken, zu empfinden: etsch, wenn ich stehen bleibe und mich versage, ist der ganze Krempel hin und wertlos — — — das ist eine Gemeinheit! Wehe dem Mann, der wirklich davon abhängt — — — er

sterbe, als ein Unnötiger! Als einer, der seine
Pflicht als Herr der Welt versäumt, verletzt hat!

SCHICKSALS TRAGISCHER ANFANG

Die Leiden des jungen Werther, von Goethe.
„Den 17. Mai.
— — —; noch einen braven Mann habe ich kennen
gelernt, den fürstlichen Amtmann Buff, einen offenen
treuherzigen Menschen. Man sagt, es soll eine Seelenfreude sein, ihn unter seinen Kindern zu sehen, deren
er neun hat; besonders macht man viel Wesens von
seiner ältesten Tochter Lotte."

*

Um zwölf mittags starb er. Der Amtmann und
seine Söhne folgten der Leiche. Albert (Lottes Gatte)
vermocht's nicht. Man fürchtete für Lottens Leben.

GEDICHT

Wie ich zu Tode quäle eine liebevolle Seele,
wenn ihre Hülle „Leib" nicht meinem Ideal entspricht — — —!
Wie stell' ich's aber an, daß ich das „Edlere" wähle?!?
Mein Wächter „Auge" gestattet es mir nicht!
Er sagt: „Man täuschet dich; die beste Seele
Kann eben nur im besten Leib gedeihn!
Und nur weil Christus vollkommen schön gewesen,
konnt sich sein Herz der ganzen Menschheit weihn!
Voll innerer Sanftmut ist nur das schönste Wesen;

es dankt dem Schöpfer gleichsam ewig für seine Gnad'
auf Erden — — —,
in ihrem verborgensten Blick kannst du es lesen:
‚Ich bin von Ihm verpflichtet worden, gut zu
werden!'
Gott ähnlich werden ist jedem benommen,
der nicht die Glieder dazu mitbekommen!
Nur vom vollendet schönen Menschen fordre ich
Hirn und Herz — — —
Er fliege, gottbegnadet, himmelwärts!
Er sei gerecht, allgütig und allweise — — —
Und er allein stört mir nicht meine Kreise,
daß der Mensch engelrein werden könne in absehbarer
Zeit!
Von den anderen aber verlang ich nur,
daß sie sich betrachten als mißlungene Exemplare der
Ideale erträumenden Natur!"

MAN ERMANNT SICH

„Jetzt hab ich's aber einmal dem g'sagt!", ist
ein schrecklich blödes und kindlich-rührendes
Auskunftsmittel, seine eigenen irritierten Nerven zu
beschwichtigen. Denn der, dem man's „endlich einmal" g'sagt hat, der hat eine andere Ansicht darüber
und denkt: „Jessas, hat der sich jetzt 'gift'!" Das
heißt wirklich „vergiftet" durch Ärger! Jeder hat
doch eben irgend einen Panzer gegen das, was man
ihm sagt, um ihn empfindlich zu treffen! Man
muß nur Frauen anschauen, ihr Katzenantlitz, wenn
man ihnen den Vorwurf der Koketterie macht! „He,

Dummer, kann ich etwas dafür, wenn ich so vielen gefalle?!?"

Wirklich, soll sie sich denn das süße Gesichterl mit Ruß anstreichen, sich die kleinen Brüste und den großen Popo abschneiden?! Niemandem, siehe, hat man es „endlich einmal" gesagt! Sondern man hat eine Kugel zielsicher abgeschossen, die abprallt und nur dich selbst verwundet!

Sagen kann man nur etwas jemandem, der schon erbleicht und krank ist vor innerem Selbstvorwurf, ehe du es ihm gesagt hast! Du kannst jedem „zu sich selbst" verhelfen, aber nicht „zu dir"! Will er „durch sich selbst hindurch" ernstlich zu dir, dann kannst du ihm eventuell liebevoll die Rettungsleine werfen eines ernsten Wortes! Aber „Dem hab ich's einmal g'sagt!" gibt es nicht.

PLAUDEREI

Melancholie, trüber Sinn (Trübsinn), schwarze Gedanken übermüden, erschöpfen das Gehirn, gerade so wie Überturnen die Muskeln, das Herz!

Über etwas noch hinüberkommen können, ist Gesundheit, über etwas nicht mehr hinüberkommen können, Krankheit! Endgültige Dinge sind leichter zu überwinden als Befürchtungen! In den Seelen Liebevollster steht's ganz tief drinnen geheimnisvoll eingegraben: „Wenn's nur schon aus wär, mit ihm, mit ihr!"

„Wird mich meine vergötterte Geliebte betrügen?!" ist viel schrecklicher als: „Meine vergötterte Frau

hat mich betrogen!" „Gott sei Dank, ich bin bei der
Matura gefallen!" sagte aufatmend der Abiturient,
der von Oktober bis Juli gezittert hatte! Der Verbrecher rennt oft leichtsinnig in sein eigenes Garn! Ja,
sein gequältes Gehirn zwingt ihn gleichsam, ein Ende
zu machen mit den Befürchtungen! Leichtsinn des
Spielers, des Trinkers, ist der genial-letzte Versuch
eines gequälten Gehirnes, über Trübsinn hinüberzukommen!

ANNA

„Was sprechen Sie also mit so einem Mädel wie die
Anna?!"
„Selbstverständlich nichts. Mit einem Reh im
Walde, mit einer Gazelle, einer Antilope, führt man
doch auch keine Konversation!"
„Langweilen Sie sich nie mit ihr?!"
„Nein, sie mit mir!"

*

Anna: „Peter, ich zahl dir eine Portion Kaviar,
wenn du meinen neuen Hut für hübsch erklärst!"
„Ich finde ihn reizend!"

*

„Peter, was ist los, bist schon wieder gekränkt, daß
ich mit dem Menschen weggeh?!? Hab ich dich deshalb lieber, wenn ich bei dir sitzen bleib?! Eher
mehr, wenn du mich weggehn läßt! Nur g'scheit
sein, nur ein bissel nachdenken über die Sachen! Wenn
ich dableib, langweil ich mich. Und wenn ich mich
langweil, hab ich dich nicht mehr so gern wie sonst!"

*

Baron T. fand bei ihr eines Tages einen kleinen Notizzettel:

„Ich muß für einen Moment hinaus heißt auf französisch: je dois aller faire pipi. Der Peter sagt, die Französin mache kein Geheimnis daraus, sie will dem Mann nicht einreden, sie sei ein bedürfnisloser Engel! Aber auf deutsch trau ich mich doch nicht, also muß ich mir's jetzt französisch einlernen!"

*

„Siehst du, Peter, so bist du! Diese Dame hat zu dir jetzt gesagt, daß du so etwas Schönes geschrieben hast: ‚Tragisch muß ein Erlebnis erst werden, dann hast du es erst wirklich erlebt'!

Ich versteh das gar nicht. Aber sie will dich auch nur einfangen, dir schmeicheln damit. Und ich sag dir, sie versteht's noch weniger als ich! Siehst du, wie dumm du bist, laßt dich einfangen von solchen blöden Weibern!"

*

Man kauft ein kleines herrliches Terrarium, mit schwarzer Erde und gelbem Sand, setzt eine smaragdschillernde Eidechse hinein, die alle modernen Tänzerinnen durch edle selbstverständliche Agilität in Schatten stellt, und dann fragen einen die Leute, wozu man es habe?! Zu welchem Zweck, und ob es einen wirklich glücklich mache?!?

*

Ist denn stehen, gehen, sitzen, das Haupt aufstützen, gebückt sein, sich aufrichten, verlegen sein, verzagt sein, schleichen, tanzen, ernst sein, ungeistig, unseelisch sein, Almboden-duftend sein, gar nichts?! Oft ist es ja doch mehr als alles! Für den jedenfalls, der es so empfindet!

*

„Ich verlange ja, Anna, von dir weder Anhänglichkeit, noch Freundschaft, noch Verständnis, noch Dankbarkeit. Aber kannst du nicht für zehn Minuten deine geliebte Hand in der meinigen lassen, wo du doch sonst so oft— — —."
„Nein, das kann ich eben nicht!"
„Du kannst dir ja dann die Hände waschen."
„Ach, da schau her, was der alles noch von mir verlangert!"

*

Ich gebe den wundervollsten Zierpark für eine kurzgrasige Almwiese her. Die schönsten Rosen für das dunkelrote schokoladeduftende Kohlröserl der Bergwiese. Den Gesang der Patti für den ersten leisen Ruf des Vogels im Morgengrauen. Ich anerkenne auch den anderen Geschmack. Aber ich bedauere die Menschen, die ihn haben!

*

Was ist dir, Anna, an deinem Leib so wertlos, daß du ihn aufsparst für den, dem er nichts ist?!
Und dem, siehe, in fast kindischem Trotze, ihn verweigerst,
dem er wie Wasser ist für Fische, und wie Luft für Lungen!?
Und ein Fanatismus ist er, eine Religion, eine Gesundung,
und siehe, zugleich eine tiefe süße Krankheit!?!

Vielleicht hast du recht! Anna!
Vielleicht wird einst der Sieger zu mir sagen: „Ich beneide Sie um das, was Sie nicht gehabt haben!
Sie haben noch die Sehnsucht und die Not!"

*

Ich las heute fünf Stunden lang in meinem Zimmerchen:
Hermann Bahr über Direktor Burckhard.
Egon Friedell: Ecce poeta.
Mein Lieblingskinderbuch: Les petites filles modèles.
J. S. Máchar: Magdaléna.
Und Goethe: Hermann und Dorothea.
Ich war wie ein Genesender, in anderen Welten.
Da fielen mir die zarten feinen Schritte ein, und wie sie gestern den Arm hielt über die Sessellehne.
Da sprach ich zu mir selbst: Siehe! du bist auch nicht stärker als die anderen!
Gott sei Dank, ich bin so schwach wie alle!

DER „KOBERER" (KUPPLER)

„Du," sagte der Graf zur Mitzi G., „wer hat dir denn diesen Brief an mich aufgesetzt?!"
„Aufgesetzt?! Aufgesetzt?! Wie meinen Sie das?!"
„Aufgesetzt! Selbstverständlich hast du den nicht selbst verfaßt!"
„Weshalb nicht?! Bin ich denn gar so dumm?!"
„Nein, ja. Aber diesen Brief hast du einmal nicht verfaßt!"

„Wer sollte ihn denn verfaßt haben?!"
„Das weiß ich nicht. Das weißt nur d u. Du, Mitzerl, ich gebe dir 100 Kronen, wenn du mir den Namen nennst!"
„100 Kronen?! Gib mir 150!"
„Also 150!"
„Der Peter!"
„Was für ein Peter?!"
„No, der Peter, der Peter Altenberg!"
Der Brief: „Habe Dich heute nacht im ‚Tabarin' wiedergesehen! Konnte Dich nicht ansprechen, durfte es ja doch nicht. Also, da sitzt vis-a-vis von mir der Mensch, der mich ein Jahr lang splitternackt unter der Bettdecke gehabt hat!? Und alles hat doch nichts genutzt!"
„Wie kommt er dazu, dir diesen Brief aufzusetzen?!"
„Ich hab zu ihm gesagt: ‚Schreiben S' mir um Gottes willen so was, was ich schreiben müßt, wenn ich's schreiben könnt!'"
„Also ist der Brief ja doch nur wieder von dir?!"
„Das hab ich ja gleich gesagt!"
Da nahm sie denn der Graf wieder zu sich.

WELTENBUMMLER 1914

Der Kriegsgott und der Tod schlenderten selbander einige Wochen vorher, als elegante Kavaliere verkleidet, so durch die verschiedenen Lokale und belauschten die Gespräche. Da vernahmen sie, daß es noch sehr die Frage sei, ob der „Tango" sich werde durchsetzen können und ob er überhaupt salonfähig sei!? Ferner, ob Reiherfedern heuer modern bleiben würden!? Ja, der amerikanische Geschmack setze sich, Gott sei Dank, immer mehr durch, aber bei aller Einfachheit sei der Stoff selbst eben um das wieder teurer! An dem Stammtisch des Dichters vernahmen die beiden Herren eine schreckliche Eifersuchtsszene, weil einer der Gäste der goldblonden Tschechin selbstgepflückte Bergblumen mitgebracht hatte. Der Dichter schrie erbost: „Principiis obsta! Gleich am Anfang kann man noch erretten! Später ist zu spät!" Alle schrien: „Bravo, Peter, hast es dem Kerl gut gegeben!" Weil nämlich alle wegen der süßen Tschechin eifersüchtig waren. Woanders hörten sie, daß man sich eigentlich nur mehr in Zimmern mit modernem Marmor und Mahagoni so recht gemütlich und heimisch fühlen könne. Da schlichen die beiden Kavaliere traurig von dannen —.

Da kamen sie an einer Armenhütte vorbei. Da sagte der Mann zu seinem jungen Weibe: „Schlimmer kann's doch nimmer werden! Ein Gewitter sollt niedergehn, das reinfegt!"

Da ließen die beiden Kavaliere ihre Masken fallen und standen in blinkendem Stahl und weißem Knochenbein da — — —.

WISSENSCHAFT UND KRIEG 1914

Zurücklegung der goldenen Medaille der Royal Society durch Professor Röntgen. Aus München wird uns telegraphiert: Professor Röntgen hat die ihm von der Royal Society in London verliehene große goldene Medaille, die er nicht mehr besitzen will, dem Roten Kreuz überwiesen. Die Medaille besitzt einen Goldwert von ungefähr 1000 M.

NACH DREI JAHREN

„O Peter, Peter, lieber Peter, daß ich Sie endlich wiedersehe, und so ganz unverändert, nein sogar verjüngt!?"
„Von Wieder-sehen kann natürlich nicht die Rede sein, da ich Sie zum erstenmal im Leben erblicke!"
„Peter, Peter — — —!?"
„So viel ‚Peter' können Sie gar nicht aussprechen, daß ich wissen sollte, wer Sie sind!"
„Peter, ich bin doch Ihre süße Mathilda!"
„Mathilda, die edle Gazelle? Sie waren ja wie ein Faden so dünn!"
„Ich mußte eine Mastkur durchmachen. Man muß sich eben entscheiden zwischen Faden und Leben!"
„Da hätte ich mich für den Faden entschieden!"

LIEBESGEDICHT

Dora! Ein neuer Name, frisch und hell und neu!
Die alten Namen sind blaß und alt,
und wie aus blechernen Kindertrompeten!
Dein Name, Dora, ist Fanfare!

Aus Silber. So ein Nebelhorn, das durchtönt durch die dunkle Welt, irgend etwas erweckend, auf, zum Dasein! Dein Name geht mir bis ins Herz,
  ich möchte dir außergewöhnliche Nelken schenken,
  und deine Ehre kniefällig preisen, die in mir für dich ist! Man weiß nicht, weshalb!?
  Ein neuer Name, Dora!
  Wie Regen ist für Pflanzen, wenn zu lang Sonne war!
  Wie Sonne ist, wenn zu lang Regen war!
  Vom Semmering kommst du, vom Sonnwendestein, vom Pinkenkogel, vom Berghotel,
  und stiegst hernieder in die Niederungen meines Zimmerchens! Ave, Dora!

CHRISTENTUM 1

Der grauhaarige fünfzigjährige Kellner meines Hotels sagte zu mir: „Helfen Sie mir! Ich war einst Provisor in einer Apotheke. Ich möchte wieder so eine Stelle haben. Zum Kellner tauge ich leider nicht!"

Ich ging von einer Apotheke zur anderen, ihm eine Provisorstelle zu verschaffen. Vergeblich.

Acht Tage später sagte mir meine wunderschöne fünfzehnjährige Freundin: „Du, der Oberkellner ist ein eigentümlicher Mensch! Gestern hat er mir drei Visitkarten von Studenten an den Tisch gebracht, ich solle meine Adresse darauf schreiben!"

Am nächsten Tage sagte der Kellner: „Wie ich Ihnen dankbar bin, daß Sie sich so um mich bemühen, wegen der Provisorstelle! Ich weiß wirklich gar nicht, wie ich mich da revanchieren soll!?"

CHRISTENTUM 2

Gerichtsverhandlung. Mitleidige Frauen hatten nach vielen Monaten sich endlich entschlossen, eine Anzeige zu erstatten. Der Vater hatte das fünfjährige Töchterchen, des Morgens, weil es ihm, verschlafen, nicht einen „Guten Morgen" gewünscht hatte, aus dem Bettchen gezerrt, an den Ohren hochgezogen und fallen gelassen, diese Prozedur dreimal wiederholt. Der Gerichtsarzt hatte jedoch keine äußerlichen Verletzungen „konstatieren" können. In der öffentlichen Gerichtsverhandlung wurde das fünfjährige Mäderl, dem die schauerlichen heimtückischen Peiniger es angedroht hatten, ihm im Falle einer richtigen Aussage einen glühenden Eisennagel in den Popo hineinzutreiben, den kein Arzt sehen und „konstatieren" würde, in Gegenwart seiner Peiniger befragt vom Richter, ob es denn wirklich mißhandelt worden sei!?

Das Kind antwortete frank und frei: „Nein, niemals! Papi lieb!"

PLATONISCHES GESPRÄCH

Der Jüngling: „Herr Peter, welche Frau also darf man wirklich verehren?!"
„Die, die's verdient!"

„Und welche verdient es?!"
„Die, die man sich so erzieht, daß sie's verdient!"
„Gibt es nicht welche, die's von Anfang sind?!"
„Ja, es gibt eben auch einen Beethoven und Schubert. Die sind's von Anfang an!"
„Wie soll man sie erziehen?!"
„Mehrerin aller unsrer Kräfte und ewig Fürsorgliche, daß die vorhandenen nicht verloren gehen!"

DIE FLIEGE

Also, habe ich mir dieses Hundeleben, pardon, Fliegenleben, vielleicht verlangt?! Meine Eltern haben mich, nur ihrer eigenen Lust frönend, in die Welt gebracht, uneingedenk der schrecklichen Gefahren, denen ihr geliebtes Kindchen doch dadurch ausgesetzt werde! Ich will nicht von den Schwalben sprechen, diesen heimtückischen Meuchelmördern, die mit offenem Schnabel in rasendem Fluge daherstürmen und uns hinunterschlucken, schwapp! Denn sie ersparen uns wenigstens die Todesqualen, ihre scharfe Magensäure löst uns augenblicklich auf. Und schließlich, wenn wir selbst Schwalben wären und die anderen die Fliegen?! Wären wir rücksichtsvoller?! Keineswegs. Aber die Menschen, die Menschen! Ohne irgendeine Geschicklichkeit im Fliegen oder sonstwie, fangen sie uns ab an gekauften und an Lüstern mitten im Zimmer aufgehängten Leimbändern, die, um uns zu betören, noch mit Zucker bestrichen sind! Feig und faul liegt so ein junges hübsches Mädchen des Morgens im Bette, blickt ungerührt auf uns Unglückliche, die seit Sonnenaufgang, von dem lieblichen Dufte des Menschenleibes angezaubert, nun an dem Leimbande kleben, dem langsamen Martertode preisgegeben! Und ihre Verehrer träumen unterdessen: „Sie könnte keiner Fliege etwas zuleide tun!" Ja, Schnecken! Rache, Rache! Die Ärzte haben erklärt: „Der Stich einer Mücke, die auf Aas gesessen ist, kann tödlich wirken!" Brüder, Schwestern, auf Aas!

SPLITTER

Sie war eine junge arme Kassierin in einem „Tschecherl".

Sie hatte nur eine Leidenschaft, vielmehr eine Sehnsucht — — — edle Zigaretten.

Ich schenkte ihr welche.

Eines Tages küßte ich sie, berührte sie zärtlich.

Sie ließ es sich gefallen.

Dann sagte sie: „Schade, jetzt schmecken mir diese feinen Zigaretten nicht mehr so gut. Bisher habe ich sie umsonst gehabt!"

*

Als die süße junge Mathilda Sch., Kaffeeköchin, entlassen wurde, sagte ich zu ihr: „Ich will mich einer mir liebsten Sache entäußern dir zuliebe, die ich besitze!" Und schenkte ihr meinen Weidenreisekorb, wasserdicht gefüttert, mit zwei Nickelschlössern, der meine einzige Reise, nach Venedig, miterlebt hatte. Später erst erinnerte ich mich, daß die Schlösser mich nervös gemacht hatten und nicht schließen. So ist es fast mit allen Schenkungen. Nur erinnern sich die anderen vorher!

*

Frau Vallière, die mich zu einer achttägigen Autofahrt durch das „Val Sugana" eingeladen hatte, sagte mir beim Abschiede in Mestre, aus dem Waggonfenster heraus: „Sagen Sie mir, bitte, etwas Liebes, das ich mir mitnehmen kann in meine Tage!"

„Gnädige Frau, ich habe acht Tage lang es nicht gespürt, daß ich in Gesellschaft einer fremden Dame reise!"

„Danke!"

*

Es gibt keine noch so anständige ganz innerlich ausgefüllte, ganz zufriedene Frau. Sie hat immer noch ein Plätzchen in ihrem Herzen für einen, der alles hergibt und nichts bekommt!

*

Angenehme Kritik.

Das „Prager Tagblatt" schrieb: „Das Buch ‚Semmering 1912' ist vor drei Monaten erschienen. Es hat bereits drei Auflagen. Bereits?! Es sollte bereits hundert haben!"

*

Jede Frau ist eine perfid-absichtliche oder perfid-unabsichtliche Zerstörerin der Welt, die man sich mit einer anderen mühselig-zärtlich aufgebaut hat! Mit einer einzigen geschickt-ungeschickten Bemerkung, nur so hingesagt, kann sie wie ein 38-cm-Geschütz alles in Trümmer legen und vernichten, was man jahrelang zum Schutze seiner Seele aufgebaut hatte für eine

Andere! Es gibt einige wenige Frauen, die keine Giftzähne haben, das sind Seelengenies. Z. B. die Paula, die Dora. Sie sind hilflos, also süße Kindchen! Die, die sich wehren können, sind Kreuzottern gleichzuachten, schleichenden Reptilien. Zertritt sie!

*

An eine Vierzehnjährige:

„Wenn du mich verläßt — — — wirst du wiederkommen! Getreulicher als wenn du mich nie verlassen hättest! Deine Erfahrung war dir dann wichtiger als meine Lehre! Und dennoch hätte dir diese viel ersparen können! Aber du hattest ja Zeit — — — von vierzehn bis neunzehn! Und ersparen tun sich Frauen nichts gern, besonders von den süßen, den süß-bitteren Erfahrungen!

*

Wenn mein Stubenmädchen einmal mein hübsches Zimmerchen nicht aufräumt und ich ihr Vorwürfe mache, sagt sie: „Jessas, wann ma amal vergißt, der Stall wird sich noch halten bis morgen!" Sage ich aber nichts, sondern blicke nur stumm und ernst, so hat sie zwar Gewissensbisse, erbleicht, aber räumt nicht auf. „Wann also räumt sie denn dann doch auf?!" Wenn ich eine Krone bezahle! „Das ist eine Gemeinheit!" Keineswegs, von selbst zahle ich ja nicht, erst bis Staub auffliegt!

*

Wenn meine Geliebte nicht da ist, sehne ich mich nicht nach ihr, wenn sie da ist, schon gar nicht, wann also sehne ich mich nach ihr?!

*

„Abgesehen vom Talent, könnte ich alle dieselben Sachen schreiben wie dieser Peter Altenberg. Wenn ich nämlich ebenso unverschämt wäre und dieses ununterbrochene und überflüssige Bedürfnis hätte, die Menschen über irgend etwas aufzuklären! Ich bin direkt froh, daß sie ‚irre gehen'. Wer hat denn mich aufgeklärt?! Etsch!"

*

Meine Mama sagte immer zu mir noch in den sogenannt guten Zeiten: „Wenn wir die 20 000 Kronen wirklich hätten, die wir jährlich ausgeben, so hättest du ein Recht, uns Vorwürfe zu machen, daß wir sie ganz ausgeben! Da wir sie aber nicht haben und dennoch ausgeben, ist es eine Taktlosigkeit von dir!"

*

Die „Anständigkeit" einer Frau hängt ausschließlich von ihrem „Akt" ab. Ist dieser vollkommen, dann muß sie immer „unanständig" bleiben! Nur das Bewußtsein, nicht allen zu gefallen, bringt sie dazu, sich einem einzigen anzuhängen!

*

Nur das Gefühl, demnächst „aus dem Leim zu gehen", erzeugt bei der Frau eine Art von Talmitreue!

*

Wenn die schöne Frau keine Phantasie hätte! Dann könnte sie sich es nicht vorstellen, wie es wäre, wenn sie den oder jenen erhören würde! So aber — — — hat sie Phantasie!

*

An eine schöne Frau glauben, ist dasselbe, wie es glauben, daß der Kuckuck im Sommerwalde nur für uns seinen bezaubernden Ruf erschallen lasse!

*

„Vous me déshabillez tout-à-fait sous mes vêtements, avec vos yeux!" sagte eine Süße zu mir.

LIEBESGEDICHT

Was du mir spendest,
zahl ich dir zurück, mit anständigen Zinsen,
mit dem Gelde meiner Seele, meines Geistes,
Anna!
Wuchergeschäfte wollen wir nicht machen — — —
dazu sind wir beide zu intelligent.
Zu bald würde der Übervorteilte es spüren! Und
traurig werden! Atonie der Seele!
Reinliche Geschäfte der Seele und des Leibes
geziemen dem Weisen des Daseins!
Und wir sind, wir sind nun einmal da in dieser
Welt,
können uns nicht entziehen, auf die Dauer!
Was du mir spendest,
zahl ich dir gern und leicht zurück;
und meinem Geiste hast du deinen, wenn auch
von mir erworbenen, entgegenzubieten,
und noch dazu gratis die weißen Beine und die
goldenen Haare und die Kinderbrüste!
Siehe, ich muß mich also direkt anstrengen,
das durch Anmut meines Geistes und Kraft und
Weltenweisheit auszugleichen,

was du von selbst durch Schicksals Gnade spendest!

Drum sind wir, siehe, leider dennoch ewig in eurer Schuld, Anna!

Ein Blick von dir — — —

und im Schuldbuch steht: „Peter, du schuldest ihr noch Milliarden!"

REVANCHE

Sahest du heute, ängstlichen Blickes, in meinen Augen die Gespenster der Entfremdung, Mädchen — — —?!

Und sahest mich an, flehentlichen Blickes,

und konntest nicht sprechen, was du so gern sprechen wolltest,

und konntest dich nicht rühren und mir um den Hals fallen?!

Und bliebest verbittert stehen, wie umgewandelt von meiner Ungnade,

erbittert über das Schicksal und die Welt?!

Siehe, so, so bin ich einst gestanden vor jener —.

Und weil ich weiß, wie es tut,

nehm ich dich also wieder in Gnaden auf, Mädchen!

DIE „UNGLÜCKLICHE" LIEBE

Aber wenn ich deine Hand beim Abschiede im Restaurant berühre oder auf der Straße?!?

Feiere ich da nicht meine Hochzeitsnacht mit dir, fast physiologisch?!?

Und siehe, dein Geliebter steht vielleicht dabei und schaut, und sagt zu mir halb mitleidig: „Servus, verrücktes Huhn —!"

Und küss ich nicht die Innenfläche meiner eigenen Hand, die deine Handinnenfläche für einen Augenblick lang sanft berührt hat?!?

Gibt uns der „seelische Selbsterhaltungstrieb", diese immanente Angst vor dem Zerstörtwerden, nicht Zaubermittel fast, uns zu erretten aus der Not der Seele?!?

Und wenn wir ihr beim Anziehen, beim Ausziehen ihres Paletots behilflich sind, vor allen Leuten, haben wir da nicht Schauer mysteriöser Zärtlichkeiten, die der Beglückte vielleicht im Bette nicht einmal empfindet mit ihr, da sie dort zum „Weibchen" wird, gleich allen, die schon waren, und die noch kommen werden oder könnten! Die Art besiegt das Individuum!

Ist's nicht ein Ausgleich unseres Unglück-Glückes?!?

Könnt ihr uns unsere Hochzeitsnächte rauben, ihr Beglückten?! Wir haben sie hinterrücks——.

Wir haben sie sogar in der „Phantasie der Frauen", die uns nicht erhören! Wie, wenn sie uns erhörten, träumen sie manchmal?

Einmal, aus Laune oder Ungezogenheit und Neugier?! So Gnadenspenderin spielen?!? Teufeline?!?

Was vor dem halben Einschlafen des Nachts die Frauennerven sich halb erträumen, thront oberhalb moralischer Gesetze! Niemand kann's verwehren!

Drückt ihr, Beglückte, vielleicht je den Rand ihres Trinkglases verstohlen an eure Lippen, ja umküßt ihn ganz, mit zärtlicher Geschicklichkeit, wenn der Tisch frei geworden ist von Gästen im leeren Speisezimmer?!?

Küßt ihr die Orangenschalen, die sie geschält hat?!?

Küßt ihr die lippengeheiligten Gabelzinken?!?

Schleicht ihr euch hin, wie Jäger auf die Beute, Haselnußschalen aufbewahrend, Traubenstengel, von ihrem geliebten Teller?!?

Gebt ihr dem Stubenmädchen, das euch dabei ertappte bei eurer heiligen Handlung, zehn Kronen, daß sie verschwiegen bleibe?!?

Habt ihr solche Schliche nötig, glückliche Unglückselige?!?

Und einmal sagte mir ein junges Stubenmädchen: „Ich nehm kein Geld, ich gönn's der Frau!"

Ein Nichts wird eine Kirche!

Und die Sehnsucht, ihr Kleid zufällig zu berühren, wird ein Fanatismus!

Das Kleid wird zum Symbole ihres Leibes!

Die lose Kleiderfalte, die absteht, wird zu ihrer Haut!

Wir können ihren Leib berühren in ihrer losen Kleiderfalte. Wir!

Man berührt ihr Kleid, und man kann wieder schlafen, schlafen, von da an, wie wenn's ein Schlafmittel wäre für zerstörte Nerven!

Man schläft ein, wie ein weinendes Kindchen einschläft, dem man gewährte, wessen es bedurfte —— ——.

Friedevoll versinkt man in bessere Welten.

Weil man ihr Kleid berührt hat —— —— ——.

Ihr armen Glücklichen, was braucht ihr alles erst zu eurem Glücke?!?

Uns aber weht ihr Atem unwillkürlich an beim Sprechen und macht uns bereits selig — — —.
Das alles nennen sie dann unsere „unglückliche Liebe"!

VARIATION ÜBER EIN BELIEBTES THEMA

Verwöhnt sein, ist das schreckliche Unglück der schönen Frauen. Infolgedessen haben sie nichts von ihrem Leben, sondern nur noch Neid, Eifersucht, Eitelkeit. „Ich bin es so gewöhnt", ist der tückischste Mord an der Seele. Denn siehe, sie wünscht stets und stets überrascht zu werden!

Was ihr gewohnt wird, macht sie leblos, tot. Sie hört allmählich auf zu funktionieren, wird starr, hart, sogar bösartig. Ein gütiger Blick zu ungewohnter Gelegenheit! Und die Seele errötet dir vor Freude. Das was sie stets bekommt und stets, läßt sie bleich. Und dennoch wäre es tiefste Kultur, das Gute, das man hat, stets zu empfinden als eine Gnade Gottes! Dazu sollte man ein Kind erziehen, daß es in jeder Schachtel seine besonderen Schätze hat und daß ein Pfirsich ist wie Feiertag! Schöne Frauen haben nichts von ihrem Leben. Sie sind zu sehr daran gewöhnt, schön zu sein!

Wenn eine Häßliche acht Tage lang schön sein könnte! Eine Schöne viele Tage unscheinbar! Ein Bettler vierzehn Tage lang reich! Ein Reicher hie und da bettlerisch! Um aus Gewohntem Schätze auszulösen für die Seele, muß man schon fast der Weltgeist selber sein!

PARTE

Einmal mein wirkliches echtes **nicht** konventionelles Beileid! Zum Heldentode eines der **allerkultiviertesten** Menschen:

Unser lieber Bruder

Dr. jur. Herbert Fries

Fähnrich i. d. R. des k. u. k. Feldkanonen-Regiments Nr. 42

ist am 7. September 1914 bei Rawaruska gefallen und wurde auf dem Ortsfriedhof in Rzyczki bestattet.

Inzersdorf bei Wien, Oktober 1914.

Dr. Edgar Fries, Elisabeth Freiin v. Pereira, Dr. Egon Fries, Lyda Wittgenstein, Hertha Fries, Leutnant i. d. R. Dr. Egbert Fries im Felde.

AN DIE KOKETTE

Soll ich verzeihen, daß es schon wieder regnet?!?
Und wenn es sein muß, immer wieder regnen wird?!?
Darfst du denn um etwas mich um Verzeihung bitten, das **außerhalb** deines guten Willens ist?!?
Ich kann verzeihn, daß du unanmutig gehst,
nicht schwebst in freudigen Leichtigkeiten — — —;

obzwar's mein Auge ärgert und es lieblos macht —;
schwerfällige Nymphen sind ein böser Gegensatz — — —.

Ich kann's verzeihn, denn Übung könnte bei gutem Willen es noch mählich ändern — — —.

Doch wie soll ich dir die „inneren Mächte" verzeihn, dein Schicksal, das du miterhalten hast in deinen Nerven?!?

Soll ich dir Vater, Mutter, Großeltern verzeihn und alle deine Ahnen?!?

Wenn du's von mir verlangst, verzeihe ich!

So verzeihe ich der Kreuzotter, die den Todesbiß gibt wegen nichts.

Sie sticht — weshalb, niemand kann es ergründen!

Ja, ich verzeih und sterbe!

Aber ist es anständig, Verzeihung zu verlangen, zu erwarten, für Sünden, die man dennoch nicht lassen kann?!?

So eine Frist sich zu verschaffen von verlogenem Frieden?!?

Darf die Kokette uns um Verzeihung bitten?!?

Sieh, Rosita, ich werde also dein gutmütiges Bemühn gerührt betrachten — — —;

ja, tief, tief gerührt!

So schau ich zu, wie eine edle Seele mit ihren Höllen kindisch kämpft — — —.

Verzeihung, tragischstes aller Worte!

Kann ich verzeihen, daß es wieder regnet?!?

Und wenn es sein muß, immer wieder regnen wird?!?

Geliebteste, laß uns ohne Verzeihung leben!

Die Sünden sind des Tages und der Stunde — — —

vielleicht lohnt sich das Ganze doch der Qual!

SPLITTER

Wenn ich jemanden bitte, eine Sache, die mir wert und lieb ist, nicht anzurühren (man schaut nämlich mit die Augen, net mit die Pratzen), so ist er beleidigt. „No no no, i friß Ihnen nix weg!" „Hoffentlich," sage ich, „das wär noch schöner!"

*

Ich habe eine Freundin, die immer eine Ausrede hat, um dazubleiben; und eine, die immer eine Ausrede hat, um nicht dazubleiben. Jetzt denke ich in einem fort nach, welche mich weniger stört!?

*

Aphorismen sind das, was, wenn es einem anderen einfällt, er daraus einen langen Essay macht! Gott sei Dank fällt es ihm aber nicht ein!

*

Ich teile die Frauen ein, man muß nämlich alles einteilen, in solchene, die immer denken: „Wie wäre es doch, wenn dieser oder jener — — —!?" Und in solche, die das nie denken. Die ersteren sind allein gefährlich! Aber auch die anderen sind nicht ungefährlich. Denn wenn sie bei einem picken bleiben, bleiben sie picken! Und das ist nicht jedermanns letzte Träumerei!

*

Wollen Sie alle Fäden in der Hand haben, um Menschen wie Marionetten zu dirigieren?!? Nehmen Sie doch nur die drei Fäden: Eitelkeit, Geldgier, Sexualität! Schon danach tanzen sie ganz korrekt. Nehmen Sie aber noch dazu die drei anderen Fäden:

Neid, Eifersucht und Stupidität, so haben Sie ein ganz nett ausgeführtes Marionettenspiel! Wenn Sie z. B. der Dame Ihres Herzens, sagen wir nämlich H e r z e n s, sagen: „Artur gefällt Ihnen also ernstlich?! Er hat gesagt, Sie hätten keine aristokratischen Fingernägel!", so lassen Sie schon die öde Puppe ganz nett tanzen! Oder zu einem Herrn: „Marie sagte, im Schwimmkostüme auf dem Bild enttäuschten Sie! S o n s t wären Sie ein ganz netter Mensch!"

*

Man muß sich „nach der Decke strecken!" Ja, aber nach der leichten, wärmenden, schützenden!

*

Wenn eine Frau häßlich ist und es s p ü r t, wird sie entweder eine V i p e r oder eine H e i l i g e!

Wenn eine Frau schön ist und es s p ü r t, wird sie entweder eine H e t ä r e oder — — — eine reiche H a u s f r a u!

Nun werdet ihr mir sagen: „Aber, Herr Altenberg, es gibt doch auch noch a n d e r e Menschen!"

Ja, im verklärten Lichte eures I d i o t i s m u s, nicht in dem düsteren Scheine unserer W e i s h e i t!

*

Wenn eine schöne Frau „aus dem Leim gegangen ist", so ist in ihr e i n e ewige T r a u e r. Aber das sieht nur der Dichter. Weil er selbst in ewiger Trauer ist über die Unzulänglichkeiten der Welt.

*

Wenn man sich n i c h t umbringt, so lebt man weiter. Aber l e b t man wirklich weiter?!

*

Verlogenstes Wort: „Ich hab ihn sehr gern, aber er geht mir auf die Nerven!"

*

Ideale: Ich trage ihm ebenso gern das Nachtgeschirr hinaus als ich ihm den Tee serviere!

*

„Sagen Sie aufrichtig, Herr Peter, ist Ihnen ein Stück Emmenthaler wie Sie sagen ‚mit tränenfeuchten großen Augen', nicht doch lieber auf einer silbernen Schüssel kredenzt mit silbernem Messer?!"
„Nein, auf einer lasierten Bauern-Tonschüssel und mit den Händen!"

*

„Haben Sie also gar keinen Sinn für Raffinement?!"
„Ja, für das Raffinement idealer Finger, idealer Fußzehen, geraden Rückens, gewölbtesten Brustkorbes, federnden Ganges, der Eidechsenanmut, reinsten Teints, süßesten Atems und für das Raffinement leicht weinender Seele!"

*

Keine Frau hat doch eine Ahnung, was ein Dichter ist, einer, der um alle Gemeinheiten und Ungerechtigkeiten der Welt sich abhärmt und daran krank wird! Für sie ist ein Dichter einer, was für sie schwärmt! Nebbich! Kann man denn ernstlich für sie schwärmen, wenn sie nicht mindestens so zart, so nobel, so feinfühlig ist wie eine Dichterseele?!

*

Einsicht nehmen, in die Dinge des Lebens, Vorbereitungsklasse, sogenannte Taferlklasse, Abc-Taferlklasse des Lebens!

Voraussicht: Reife des Lebens! Abiturium!
Einsicht ist: Der Tag und die flüchtige vergängliche Stunde!
Voraussicht: Die Ewigkeit! Die ewige Entwicklung!

*

„Ehret die Frauen! Sie flechten und weben — —."
Aber nur die, die wirklich flechten und weben!

*

Was du an deinem Hunde an Zärtlichkeit vergeudest, entziehst du den Menschen. So groß, meine Liebe, ist dein Zärtlichkeitskapital ja doch nicht, daß du es nach allen Seiten hin spenden könntest!

*

Meine Gedanken sind gut! Gebt ihr die guten Taten dazu! Damit das Ganze einen Sinn habe!

*

Nachdem Dr. Egon Friedell das tiefste Buch geschrieben hatte, über das moderne Werden, über mich, hat er mich prompt verleugnet! Weil die anderen das Buch nicht verstanden haben, absichtlich nicht verstehen wollten! Nicht ein jeder ist eben zum Märtyrer seiner höheren Erkenntnisse geboren! Es muß auch — — — gute Schriftsteller schlechtweg geben!

*

Man kann nur gute Geschäfte machen wollen, nicht schlechte! Auch „schenken" muß ein recht günstiges Geschäftchen sein, das man im stillen mit seiner eigenen Seele effektuiert! Ein nettes Profitchen an innerer Befriedigung muß dabei herausschauen!

*

Auf dem Antlitz eines jeden steht es genau eingeschrieben und deutlich abzulesen, ob er einem eine besonders feine Zigarette mit Freuden oder mit Leid anbietet!

*

Dichter sein ist, ein besseres Gedächtnis haben für Eindrücke, für schlechte und gute! Das rumort dann in einem und will irgendwie heraus! Einem Dichter kommt es zufällig bei der Seele heraus!

*

Jeder Mensch will sich ununterbrochen über irgend etwas hinwegtäuschen. Dazu sollen ihm die anderen behilflich sein. Die es nicht tun, sind dann „unliebenswürdige Naturen"!

*

Die Lebenskunst ist, jemandem eine entsetzliche Wahrheit sagen können, ohne daß er beleidigt ist! Seine Waffe nämlich ist: „Ich bin beleidigt!" Du mußt in der Lage verbleiben, ihm noch einen zweiten und dritten Schuß zu versetzen. Beleidigt darf einer erst sein, bis es mir paßt, nicht ihm!

*

„Sagen Sie mir, daß ich gut aussehe!" „Bezahlen Sie mir dafür zehn Kronen?!" „Ja!" „Soviel ist es Ihnen wert?! Sie sehen miserabel aus!"

*

Es gibt, nach Gottes Plänen, nur eine Entwicklung nach aufwärts. Aber ein jeder muß dazu extra noch ein bißchen beitragen, daß es doch nicht vielleicht zufällig nach abwärts gehe! Auch das liegt nämlich in Gottes Plänen!

*

England hat sich für Belgiens Neutralität eingesetzt, die Deutschland mißachtet hat?! Hätte sich England auch für Belgiens Neutralität eingesetzt, wenn Frankreich sie mißachtet hätte?! Nun also!

*

Japan läßt sich in europäische Interessensphären hineinziehen. Das heißt, es läßt sich ausnützen und anschmieren! Wenn nur alle wüßten, daß es in keiner Sphäre des menschlichen Wirkens keine Freundschaft nicht gibt, sondern nur Geschäftchen!

*

Kann man von seinem „behandelnden Arzte" verlangen, daß er uns frage: „Hat Sie vielleicht Ihre Geliebte geärgert?!?" Also, dann kann man, soll man von seinem „behandelnden Arzte" gar nichts verlangen! Er hätte nämlich als anständiger Mensch hunderttausend Fragen zu stellen! Aber das wäre geradezu unanständig! Er fragt daher diskret: „Magen?! Darm?!" Sexuelle Dinge fragt er schon nicht. „Sie sollten eine Zeitlang, sechs Monate, keusch leben!" Arzt, Mensch, Ochs, willst du deine „Praxis" denn ganz einbüßen?!? Sei also nicht naseweis!

*

„Wenn ich dir sage, du habest ‚semmelgelbe' Haare, bist du gekränkt, Geliebte. Wenn ich dir sage ‚weizengelbe' Haare, bist du versöhnt. Wenn ich dir sage ‚sonnengelbe' Haare, bist du befriedigt!"

*

Die reichen Juden haben die Nüchternheit erfunden! „As ma Geld hat, was braucht ma Schnaps?!"

*

Zeit - Diebinnen: „Können Sie sich morgen vielleicht von 6—10 für mich freimachen?!"

*

„Für jemanden muß man doch um Gotteswillen da sein, der einen brauchen kann!" sagte der Mann und ließ sich von einer Wanze sein Blut wegtrinken!

*

Er sagte nicht „Geliebte" zu ihr, denn das ist kein Ehrentitel. Er sagte: „Du Mehrerin meiner Lebenskräfte!"

An eine herzlose Kokette: „Mit einem Wort, Fräulein, wo Sie hintreten, wächst kein Gras mehr!"

*

Schlecht sein ist gar nicht so schlecht wie dumm sein!

*

Der Dumme hat eine Ausrede für sich. Daß er dumm ist. Das ist das Gefährliche. Daß man es für eine Entschuldigung hält. Es ist — — — eine Anklage!

*

„Der flämische Dichter Emile Verhaeren hat eine gewisse wenn auch entfernte Ähnlichkeit in seinem Naturempfinden wie Sie, Herr Peter!" sagte eine schöne Dame zu mir.

„So, findet er auch, daß Spinat die schönste, weil die gesundeste Pflanze ist?!?"

*

Wenn man immer sich besinnen würde: Dr. Herbert Fr. hat mit 28 Jahren den Heldentod erlitten, kann nicht mehr En-Aala dickes Format rauchen, nicht mehr einschlummern und gestärkt erwachen, nicht mehr Mitzi Thumb bewundern, nicht mehr froh sein seiner ökonomischen Sorgenlosigkeiten — — — nun, was wäre dann?! Dann würde man ihn vielleicht noch immer um seinen raschen leichten Heldentod beneiden!

*

Eigenlob — duftet: „Ich habe nie einen Taktfehler begangen, außer, wenn ich ihn begehen wollte!"

*

Wenn du ein Schwein schlachten zusehen kannst, ein Reh erschießen, einen Fisch abschlagen, dann kannst du auch eine Menschenseele abschlachten!

*

Wieviel edle Rücksicht haben Frauen für ihren Papagei, der nur ewig „Lora" schreit, und wie wenig Rücksicht für ihre Dienstboten!

*

Die Ehre einer Mutter müßte es sein, ihr Töchterchen besser, tiefer zu verstehen, als es Tolstoi, Dostojewsky, Hamsun, Altenberg verstünden, wenn sie sie kennen lernten! Aber sie verstehen sie schlechter, flacher sogar als ein jeder ihrer konventionellen begehrlichen Liebhaber und Verehrer! Und dann beklagt sich die Mutter über „Entfremdung"! Sie, diese Fremdeste!

*

Mein Stubenmädchen und das reizende böhmische Küchenmädchen hatten direkt nichts mehr zu beißen. Infolgedessen kauften sie sich für das letzte Geld die Delikatesse „Wassermelone", eine riesige dunkelgrüne Kugel, innen fleischfarbig mit schwarzen Kernen, aßen sich **toll** und **voll**, und hatten die ganze Nacht Bauchkrämpfe. Als ich ihnen Vorwürfe machte, sagten sie: „Etwas will man doch auch um Gotteswillen von seinem Leben haben!" Ja, **Bauchkrämpfe**!

*

Die Natur zeigt uns, daß der Spätherbst nicht minder prächtig, anziehend, romantisch ist als der Vorfrühling! Jedes hat **seine** Prächte! Geist und Seele seien **eure** Prächte, **Spätherbstler**!

*

Sich **altern fühlen**, heißt, daß man schon längst alt **ist** und vielleicht **immer** war! „Solang mir noch mein Zigarrl schmeckt", ist nur eine senile Stupidität. „Solang mich noch die Almwiese freut", ist eine jugendliche Menschlichkeit!

*

Wenn der Patient doch wenigstens ganz **aufrichtig**, ganz **wahrheitsgetreu** dem Ärzte sein Leiden schildern möchte! Dann würde der Arzt **noch weniger** verstehen als bei einer für **seine** Auffassungskraft **adaptierten** Schilderung seitens des Kranken! Dieser erzählt eben nur gerade so viel als er glaubt **noch** verstanden zu werden! Also gar nichts Wahres über seine eigenen Mysterien und Rätselhaftigkeiten! Ich bin nicht gegen **das**, was die Ärzte **wissen**! Ich bin nur gegen das, was sie **nicht** wissen!

Ich bin gegen das, was sie zu wissen glauben! Skeptizismus über sein Wissen ist: Entwicklungs-Möglichkeit zu Neuem, Besserem! Also fast schon Religion! Ad astra!

*

Wes Brot ich esse, des Lied ich singe!

Das sagen auch so viele dadurch allein anständig gebliebene Frauen.

Aber ist das wirklich etwas so Heroisches?!

Viel heroischer wäre vielleicht: Wes Brot ich esse, des Lied singe ich noch lange nicht!

*

Alle Menschen machen sich etwas vor, das heißt sie machen es natürlich nicht, aber sie hoffen es, ohne ernstlich davon überzeugt zu sein. Außer die ganz Stupiden! Nur dem Dichter können sie nichts vormachen, daher verehren sie ihn, weil sie nicht den Mut haben, ihn zu hassen, as er doch a Dichter is! Aber gern haben sie den nicht, der weiß, was für ein Klumpert sie sind!

*

Etwas Schreckliches aus Haß zu sagen, das verstehe ich. Aber etwas aus Hetz zu sagen, damit sich einer „giftet", das verstehe ich nicht. Worte seien Geschosse in einem ernsten Wortgefechte!

*

Ein jeder hat sein „Packerl" hienieden zu tragen. Am schwersten der Diskrete, der niemand davon erzählt. Der andere gibt wenigstens einen Teil der Last ab, an den Tragesel, den er mit seinen Erzählungen belästigt!

*

Wenn man denkt, welche Männer nicht erhört werden, und welche Skier-Matadore erhört werden, dann — — — weiß man alles!

*

Kannst du eine Frau zärtlich liebhaben im Momente, da sie gähnt oder das Gähnen mit Anstrengung zu unterdrücken sucht?! Siehe, solcher Augenblicke gibt es aber Hunderttausende!

„Weshalb sind Sie so streng mit uns, Herr Peter?!"
„Seid ihr nicht noch strenger mit uns, die wir doch nicht anmutig zu sein haben!?"

*

Die Roheit der Menschen zeigt sich nicht erst im Kriege, sondern bereits im privaten friedlichen Verkehre!

*

Der Hochstand der Chirurgie beweist nur den Tiefstand der „internen Medizin"! Statt zehn Jahre vorher den Krebs zu diagnostizieren und zu heilen, operiert man den bereits unheilbar gewordenen zehn Jahre später!

*

La danseuse.
Tu as deux chances — — — ta danse et ton lit!
La danse est éternelle, et le corps flétrit!

*

Briefwechsel.
„Venez demain avec moi au théâtre. Et puis, nous verrons!   Sophie."
„Non, je ne viendrai pas. La manière dont vous avez donné la main à monsieur B. de G., m'a fait

subitement écrouler toutes mes tendresses, comme Messine sous la cendre fatale!
P. A."

*

Ein junges Mädchen, das in meinem Zimmerchen an der Wand einen gelben getrockneten Dornrochen hängen sah, sagte: "Er sieht aus wie ein kleiner Teufel! Aber die wirklichen Teufel sind die, denen man es gar nicht ansieht!"

*

"Weshalb haben Sie diesen schrecklichen Fisch über Ihrem Bette hängen, diesen Dornrochen?! Gefällt er Ihnen vielleicht?!"
"Märchenwunderwelt des Meeres! Aber das verstehen Sie nicht, mademoiselle!"
"O doch! Ein anderes Wort für ,Exzentrizität'!"
"Jawohl, ein anderes Wort!"

*

"Herr Peter, Ihre kleinen Sachen — — —."
"Sie meinen wohl meine kurzen Sachen — — —."
"Also gut, Ihre kurzen Sachen, aber weshalb so kleinlich und empfindlich sein?! Ich wollte ja sagen: gefallen mir sehr gut!"
"Ja, wollten Sie mir denn vielleicht sogar mitteilen, daß Ihnen meine kleinen Sachen auch noch mißfallen?!"

*

Peter, Sie sind ein guter Dichter. Aber Sie wären ein ebenso guter Cafetier, Hotelier oder Geschäftsmann geworden! Sie sehen nämlich bei jeder Sache, die Sie sehen, alle ihre Seiten, und nicht nur wie wir, immer nur gerade die Seite, die uns zu sehen paßt! Insofern wären Sie ein schlechter Ehemann, ein schlechter Liebhaber. Denn die müssen die Beschränktheit haben, auch die ihnen nicht konvenierenden Dinge nicht zu sehen!

*

An Mitzi Th.

Es ist leichter, ganz auf Sie zu verzichten als, wenn Sie sich bücken, nicht die Hand segnend auf Ihr braunes Haar zu legen!

*

Alles kann man in der Welt, nur das eine nicht: einem Mädel, dem man einmal zwanzig Kronen geschenkt hat, ein nächstesmal zehn Kronen geben. Das kann man nicht!

*

Weltenliebe:

Könnten Sie auch ein Liebesverhältnis haben mit einem edlen Mineral oder mit Spinat?! Mit allen Dingen dieser Erde, nur nicht mit einer häßlichen Frau!

DER KRIEG

Wir haben seit der Kriegserklärung ein nordböhmisches wunderbar schönes, schlankes, weizengelbes, stumpfnasiges Stubenmädchen in unserem Hotel. Das heißt, sie ist kein eigentliches gelerntes Stubenmädchen, sondern die seit vier Jahren verheiratete Frau (sie heiratete mit vierzehn Jahren) des Kaffeehauskellners, der einrücken mußte. Man nahm sie aus Mitleid auf, daß sie da und dort aushelfe. Dieser schenkte ich eine Jubiläumskrone, die ich seit vielen

Jahren als Talisman aufbewahrt hatte, und dann noch einige Kronen ohne Talisman, damit sie ihr Essen und Trinken aufbessern könne. Eines Tages sagte ich zu ihr: „Mathilda, sie bessern mit meinen Kronen nicht Ihr Essen und Trinken auf, sondern schicken es Ihrem Mann ins Feld!"

Sie errötete und sagte: „Ist denn das nicht für mich mein Essen und mein Trinken?"

Am nächsten Tage nach dem Erscheinen dieser Skizze sagte die junge Frau zu mir:

„Ich bin gekränkt und beleidigt, daß Sie mich so in die Zeitung hineingegeben haben!"

„Beleidigt, gekränkt?! Es ist ja Ihre höchste Ehrung!"

„Sie Dichter, Sie! Ich hab es ja aber gar nicht meinem Mann geschickt, sondern selber aufgegessen! Und noch dazu nicht einmal das, ich hab mir eine Bluse dafür gekauft! Wie steh ich jetzt da?!"

DANKGEBET

Risetta, ich danke dir! Ich nehme also keine, die weniger schöne Hände hat als du!

Sophie, ich danke dir! Ich nehme also keine, die weniger sanftmütig ist als du!

Paula, ich danke dir, ich nehme also keine, die weniger intelligent ist als du!

Esthère, ich danke dir, ich nehme also keine, die weniger anmutig ist als du!

Ich nehme also keine!

Ich danke euch!

SPLITTER

„Wie gern möchte ich diesen delikaten Knödel da essen, wenn ich mich durch mein heiliges Buch ‚Prodromos' nicht verschworen hätte gegen jegliche Teigware!"
„Peter, was täten Sie aber, wenn Sie heute ganz allein am Tische wären?!"
„Nun, schaut Gott nicht herab auf mir?!"

*

Wenn man nicht auf alle Kapricen einer Dame eingeht, geht man ein!

*

Das berechtigte Mißtrauen der Frauen gegen die Verehrung von Männern können auch die nicht bannen, die sie wirklich verehren. Es gibt immer leider noch Männer, die die Töne der Seele so genau kopieren wie erstklassige Tierstimmenimitatoren die edlen Tiere!

*

Eine Dame der Gesellschaft sagte zu mir: „O, Strindbergs ‚Vater', ein tiefbedeutsames Werk. Aber kraß! Weshalb kraß?! Das Leben ist schon kraß. Jetzt auch noch kraß die Kunst?!"
„Die Kunst ist ein Spiegel des Lebens!"
„Ja, aber ein verklärter!"
„Sie soll die Torheiten zeigen und dadurch bessern!"
„Bessern?! Was ist an uns zu bessern?!"
„Da haben Sie vielleicht recht!"

*

Die geschickteste Art, einen Konkurrenten zu besiegen, ist, ihn in dem zu bewundern, worin er besser ist!

*

„Unser Papagei war so intelligent! Wenn er hungrig war, hat er gleich geschrien: Hunger, Hunger!"
„Das war ihm ja doch eingelernt!"
„No, und uns?!"

*

Bismarck zu seinem Arzte: „Habe heute die ganze Nacht kein Auge zugemacht!"
„Weshalb, Durchlaucht?!"
„Ich habe die ganze Nacht hindurch gehaßt!"

*

Es ist das Schrecklichste, mit einer dummen Frau Konversation zu führen. Nicht weil sie dumm ist! Sondern weil man ihr ununterbrochen beweisen muß, daß man sie für gescheit hält!

*

Sagt mir doch, ihr netten Weiberchen, weshalb sucht ihr euch denn immer nur die ärgsten Schafsköpfe aus, um eure Macht an ihnen zu beweisen?!?
„Peter, Schafskopf, die anderen gehen uns doch nicht auf den Leim!"
Würde es euch nicht glücklicher machen, einen wertvollen Menschen einmal einzufangen?!?
„Gewiß, Peter. Aber Die lassen sich ja nicht!"

*

„Peter, wieviel Pelzwesten glaubst du approximativ, habe ich heute allein verkauft?!"
„Tausend!"

„Dreißigtausend!"
„Was habt ihr daran verdient?!"
„Nichts! An solchen Sachen will, darf man nichts verdienen!"
„Nun, und wieviel habt ihr doch daran verdient?!"
„Peter, etwas muß man doch verdienen, man hat ja doch auch Risiko und Spesen!"
„Risiko und Spesen haben nur die Verwundeten, die in euren gelieferten Westen stöhnen werden!"
„Peter, Träumer, Weltenferner, wie stellst du dir es also vor?!"
„Ich stelle es mir vor, daß man an diesen Heldenleidenswesten nichts verdienen soll, nichts verdienen darf! Ich habe auch mein Gedicht ‚Weltenbummler 1914' ohne Honorar gespendet!"
„Was hast du für Spesen gehabt?!?"
„Geist und Seele!"
„Peter, wir haben größere Auslagen!"

*

Peter-Scampi:
Scampi, in Salzwasser gekocht, und in einer dünnen Paradiessoße mit Pfeffer und Majoran und Lorbeerblättern in einer kleinen braunen Porzellanterrine serviert! Dasselbe mit Thunfischbrocken! Dasselbe mit Solefilets!

DIE SCHUHPASTA

Heute habe ich mir die ideale „Schuhpasta" gekauft für meine idealen braunen weiten Halbschuhe.

Sie heißt „Salamander", also die, die sogar dem Feuer Widerstand leistet, riecht ein wenig nach Terpentin, soll nur mäßig eingerieben werden. Man glaubt immer, der Kultivierte sei naturgemäß ein Wißbegieriger! Dem ist aber nicht so! Sondern gerade umgekehrt. Ich bin 55 Jahre alt und habe noch keine Idee, woraus Schuhpasta auch nur annähernd bestehe. Ich benütze sie, ich erkundige mich nach ihrer Wirkung auf meine Schuhe, aber was sie ist, ist, ihrem innersten geheimnisvollen Wesen nach, das, seien Sie mir nicht gram, interessiert mich nicht!

Wie wenn jemand sagte: „Ich kann meine Frau gut brauchen, aber wie sie ist, wer sie ist, was sie ist, seien Sie mir darob nicht gram, ich weiß es nicht!" Der Kultivierte ist eben nicht wißbegierig. Wenn er damit anfinge, wo käme er hin?! Er zersplitterte sich in tausend wertlose Details, verlöre die volle Fähigkeit, sogar sein Zahnbürstchen zu gebrauchen, ehe er nicht genau wüßte, wie es verfertigt worden ist!?

Der angeblich Kultivierte, meine Herrschaften, ist beschränkt! Er beschränkt sich — — — auf die angeblich wichtigen Dinge im Leben!

PHILOSOPHIE

Die meisten Menschen sind bequem und feig, also Philosophen. Sie sagen: „Dieser Krieg hat kommen müssen!" Oder: „Er hätte nicht kommen müssen!" Aber was zu tun ist, nachdem er doch einmal da ist, das beschäftigt sie nicht. Ob ich eine Frau hätte heiraten sollen oder nicht?! Aber was zu tun ist, nachdem ich sie doch einmal habe?! Man hätte, man hätte! Aber siehe, man hat bereits! Die tiefste, die wichtigste Lebenskunst ist, den gegebenen Verhältnissen gerecht zu werden, nicht Träumereien und Utopien in Vergangenheit und Zukunft! „Geben Sie ihr eine Abfindungssumme von 600 Kronen monatlich!" „Da behalte ich das Luder gleich lieber bei mir!" No also, siehst du?! Gerettet!

AUS MAXIM GORKIS BIOGRAPHIE (SEHR WICHTIG!)

Nach einem im 20. Lebensjahre infolge von Selbstquälerei (wer bin ich also denn wirklich?!) unternommenen Selbstmordversuch schrieb er: „Nachdem ich also die nötige Zeit krank gewesen war (Entwicklungserhöhungen durch Leiden!), fing ich einen Handel mit Äpfeln an."

Und dann weiter: „Obzwar es mir nun recht gut ging, überfiel mich die Wanderlust, da ich mich, unter den intelligenten Menschen nicht am Platze fühlte'." Nein, er fühlte sich nicht am Platze, denn er war ein Genie, und die „intelligenten Menschen" sind doch eigentlich nur Trotteln!

Ganz später schrieb er in einem Briefe an irgend jemand: „Vergessen Sie nicht der Gerechtigkeit halber zu erwähnen, daß mein erster geistiger Lehrer der Schiffskoch Smurij war, mein zweiter Herr Rechtsanwalt Lanin, mein dritter Kaljuschny, wie soll ich ihn betiteln, ein „Außenstehender", und erst als vierter der wirkliche Dichter Korolenko!"

DER SCHIGAN

Jeder Mensch hat irgend einen anderen schrecklichen, ihm eigentümlichen Schigán (fixe Idee). Auf diesen Rücksicht zu nehmen heißt man Freundschaft! Ich halte es für eine tiefere Freundschaft, dieses krankhafte wuchernde Gewebe der Seele zu zerstören! Aber das nennen sie dann „herzlos". „Weshalb sagen Sie mir, daß die von mir wenn auch unglücklich verehrte Frau häßliche plumpe Hände habe?!"
„Um Sie zu heilen!"
„Aber das ist ja noch schrecklicher, eine Person mit so häßlichen plumpen Pratzen dennoch so gern haben zu müssen!?!"

GESELLIGKEIT

Wenn Leute „gesellig" zusammenkommen, so muß irgend etwas vorgehen. Und zwar vor allem irgend etwas, was alle interessiert und niemanden direkt angeht! Also der Mord des Herzens! Oder man muß wichtigen Dingen ein Mäntelchen von Scherz und Ironie umhängen! Damit alle es vertragen. Wirkliche Leiden schont man zwar, Tod eines Nächsten, Verarmung, Krebserkrankung. Aber was sind wirkliche Leiden?! Sind nicht alle leidensvollen Leiden wirkliche?! Selbst wenn der Gerichtshof der Nebenmenschen sie nicht als solche anerkennt?! Einmal sagte mir jemand: „Mein Herr, es ist ein wenig langwierig, auf die endliche Anerkennung seiner unheilbaren Krankheit von seiten seiner Freunde zu warten!"

KRIEGSZEITEN

Hi hi hi, ich traf eine sehr reiche Dame, die zu mir sagte: „Ich bin jetzt sehr beschäftigt in einem Säuglingsspitale. Säuglinge sind schon eine ziemlich peinliche Sorge für Mütter. Aber für Fremde?! Nicht?! Was ist Ihre Meinung?!"
Ich erwiderte, ich wüßte ihr einen guten Ausweg. „Verkaufen Sie Ihre fünf großen berühmten modernen Gemälde, die für das Glück der Menschen keinerlei Bedeutung haben, und stellen Sie mit dem Erlös zehntausend gelernte Säuglingspflegerinnen durch ein Jahr an, um Sie zu ersetzen!"
„Sie Anarchist!" sagte sie.
„Ja, ich wünsche, daß die Lüge ermordet werde!"

KRIEGSLIED EINER FÜNFZEHN-JÄHRIGEN

Er stand monatelang jedesmal an der Ecke der Straße, wo ich vorübergehen mußte, halb elf vormittags.
Dann schrieb er, er könne, er wolle ohne mich nicht mehr leben.

Es schmeichelte mir riesig, aber ich dachte: Wie komme denn ich gerade dazu, sein Leben ihm zu erhalten?!
Gestern ging ich zufällig beim Kriegsministerium vorüber,
und las die Liste der Gefallenen. Er war darunter.
Ich dachte: Vielleicht ist er mit meinem Namen auf den Lippen gestorben.
Da bin ich also doch dazugekommen, ihm bei seinen Lebzeiten zu helfen!

KONDOLENZEN

Der, von dem du es sowieso genau weißt, fühlst, daß er Mitgefühl mit deinem Verluste habe, der braucht es dir nicht erst mitzuteilen! Und dem anderen glaubst du es ja hoffentlich doch nicht! Schiwe-sitzen ist eine schreckliche, infame, feige Verlogenheit! Das heißt nämlich, in äußerem Leid bei einem ostentativ hocken, der einen unersetzlichen Verlust erlitten hat! Soll man ihm sagen: „Wir alle müssen einmal dahingehen!"? Oder: „Du hast die Pflicht zu leben und es zu überwinden?!" Lauter dumme Gemeinheiten. Die einzigen angenehmen Schiwesitzer sind die Erbschleicher. Da weiß man doch wenigstens genau, worüber sie — — — sich freuen! Eine Dame in Trauer sagte zu mir: „Ein Freund unseres Hauses ist mir heute auf der Straße scheu ausgewichen! Ich weiß, er wollte es nicht, daß ich sein bleiches verstörtes Antlitz sehe!"

FRIEDE

Die sogenannten „Friedensapostel" vor 1914 waren altjüngferliche Organisationen mit Krokodilstränen und blechernen Phrasen. Wirklicher Friedensfreund kann nur das vorausschauende Genie sein, das auf unerhört geschickt-diplomatische Weise es unternimmt, geschäftsgierigen Staaten die Brocken hinzuwerfen, von denen sie ihre Gier stillen, um dadurch tieferes Unglück zu verhüten! Der Boa Constrictor spende man ihr Kaninchen, dem Tiger sein Kalb; aber was, o Mensch, spendest du dem Nashorn, das ohne Appetit dich in bloßer Bosheit anrennt?! Dem die Explosivkugel!
Aber Friedensapostel werden nichts erreichen!
O ja, die 100 000-Kronen-Preise!

VERFOLGUNGSWAHN

Ein junger Offizier ließ sich, in privater Angelegenheit, ein Jahr vor einem Kriege beim General melden: „Exzellenz, ich lebe in einer krankhaften Unruhe. Böse Schreckgespenster verfolgen mich bei Tag und Nacht, was wohl für heimtückische Fallen eine feindliche Macht einem stellen könnte! Z. B. erwache ich heute aus dem Traum, und es fällt mir ein, daß Kinoaufnahmen in unseren Gegenden, unter dem Deckmantel von Schauerromanen, von feindlichen Offizieren ausgeführt werden könnten, um das Terrain ganz genau photographisch nach Haus zu bringen!"
„Mein lieber netter junger Freund, Sie haben in-

folge von Schularbeit überreizte Nerven! Eine leichte Wasserkur dürfte für Sie sehr angezeigt sein! Da könnte man ja überhaupt nicht mehr existieren, mit Halluzinationen! Immerhin ganz nett, daß Sie sich Sorgen machen!"

Ein Jahr später waren die Schreckgespenster des jungen Offiziers Fleisch und Bein geworden!

Da sagte der General zu ihm: „Ich glaube von nun an wirklich an die Gespenster der Realität!"

Später erzählte man ihm, seiner jungen schönen Frau werde von Herrn W. in gefährlicher Art der Hof gemacht — — —.

„I wo?!" sagte er und lächelte.

ÜBER MODE

Ich schlage nochmals in diesen schwierigen Zeiten den Armen und Enterbten, den Mädchen unter ihnen, die „venezianische Volkstracht" vor. Sie ist das Kleidsamste, Vornehmste, Billigste, schaltet Neid, Eifersucht, Konkurrenz mit den Bemittelteren vollkommen aus! Kein Hut, schwarzer Wollschal mit Fransen, schwarzer fußfreier Glockenrock, schwarze Strümpfe, schwarze Halbschuhe. Kein venezianisches Mädchen läßt sich mit einem Reichen ein, um eine aparte seidene Bluse, einen besonderen Hut, schöne Seidenstrümpfe und teure Schuhe zu bekommen! Sie könnte es nicht einmal tragen, wenn sie es besäße, denn sie wäre schon äußerlich gebrandmarkt und verfemt! Eine Verkaufte!

Kein venezianisches Volksmädchen sehnt sich nach

Geld oder Luxus, denn siehe, sie braucht es nicht! Ihren lieblichen Schal hat sie, und Polenta und Pomo d'oro. Daher hat sie ihre stolz-freie, würdevolle, anmutig-gelassene Art dahinzuschreiten, in dem Bewußtsein, es könne ihr vom Satan, der doch in eines jeden Brust lauert, nichts passieren! Mode ist das Vergängliche. Wir aber wollen endlich Bleibendes, Definitives, Naturgemäßes! Mögen die Reichen sich für und für das Grab der Unzufriedenheit und der Unrast graben durch ihre überflüssigen Dinge jeglicher Art!

Das Reich der Armen ersetze alles durch den Luxus ostentativer und fast übertriebener Einfachheit und Natürlichkeit! Man lehrt die Knaben und die Mädchen in den Schulen die für sie völlig unverständliche und daher wertlose Geschichte vom Diogenes in seiner Tonne, der vom Beherrscher der Welt nichts für sich erbat als: „Geh mir, Alexander, ein bißchen aus der Sonne!" Schulen für Erwachsene, Irregeleitete und Dummköpfe, wären wichtiger! Der richtig verwendete Gulden ist gleich zehn Gulden! Der unrichtig verwendete ist „falsches Geld", strafbar!

Wann, wann soll der Denker, der Menschenfreund, der Überschauer, der Durchdringer, die Gelegenheit benützen zu nützen, wenn nicht in Zeiten, da durch bittere Erlebnisse von Haß, Neid, Mißgunst, Perfidie, Lüge, Bosheit, falscher Machtgier, alle es doch eher begreifen, daß die Tugenden eigentlich Vorteile und Gewinn schließlich sind und sich in sich belohnen und verzinsen durch ihre Vermeidung künftiger unausbleiblicher Katastrophen!?!

Jeder kultivierte, das heißt eigentlich schon halb irrsinnige Mensch hat einen Schigán, eine fixe Idee, von der er nicht abkommen kann, die ihn beherrscht und sogar martert. Es handelt sich jetzt darum, ob dieser Schigán, diese partielle Gehirnerkrankung, den anderen nützt oder schadet! Das Auerlicht à tout prix erfinden wollen hat allen genützt. Die schönste Briefmarkensammlung der Erde, die schönste Uniformsammlung zusammenzugeizen, nützt niemandem! Und schadet dem Betreffenden in seiner intellektuellen und seelischen Entwicklung!

Man wird ein Monomane, ein Trottel!

Mein Schigán, meine partielle Gehirnerkrankung, ist jetzt: Die einfache Volkstracht, die Neid, Gefallsucht, Eifersucht, Leichtsinn unterbindet, ja unmöglich macht! Nur „fixe Ideen" haben die Welt momentan und ruckweise vorwärtsgebracht. Es handelt sich nur darum, ob sie richtig oder falsch sind! Meine ist zufällig richtig! Und jetzt noch einen kleinen Exkurs ins sogenannte Allgemeine:

Der Deutsche und der Österreicher haben eine wichtigste Sache vor den anderen voraus: Sie schauen, was bei den anderen gut oder schlecht ist! Daher können sie ewig lernen und intellektuell vorwärtskommen, das heißt also, richtig und korrekt profitieren von anderen! Die anderen sind eingesperrt in Vorurteil, Eigenliebe, Größenwahn, ein schreckliches sibirisches Gefängnis des Geistes und der Erkenntniskraft! „Mein Herr!" sagte einmal jemand zu mir, „Sie scheinen mir zwar ziemlich verrückt und exzentrisch, aber das, was an Ihnen gut ist, kann ich dennoch profitieren! Sehen Sie, deshalb verkehre ich trotz allem noch immer mit Ihnen!"

ALMOSEN

Das Leben ist ziemlich kurz im ganzen. Und das, was sich einer unentrinnbar ersehnt von einer ——— weshalb verweigert sie es ihm?!? Ich gebe zu, sie habe kein besonderes Vergnügen davon — — — aber man hat auch kein besonderes Vergnügen davon, einem frierenden Bettlerkinde Geld zu schenken! Man muß in die Tasche greifen, das Portemonnaie öffnen und etwas suchen, was noch keine Krone ist, sondern höchstens zwanzig Heller! Und dennoch tut man es hie und da. Aus Schamgefühl vor sich selbst!

Aber die Frauen, die wir liebhaben, haben eben kein Schamgefühl!

SPLITTER

Aus Mangel an Gesprächsstoff begeht man die gemeinsten Taktlosigkeiten und Indiskretionen.

*

Es gibt Männer, die eine so blöd perfide Idee von „Freiheit" haben, daß sie eine Frau direkt auf „Hur" studieren lassen!

*

Eine Frau ist immer zu alt, und nie nie zu jung! Das Gesetz schreibt uns vor: von vierzehn an! Aber das Gesetz ist nicht von Künstlern entworfen.

Unser Geschmack sagt: In jedem Alter, wenn du nur sehr schön bist! Freilich heißt es da wie in der Bibel: „Er hatte ein Auge auf sie geworfen!" Aber wirklich nur das Auge, dieses ideale Lustorgan!

*

Peterl, wir freun uns schon so, was Sie über den ‚Lido' wieder Nettes z'sammschreib'n werden, in Ihrer Fasson!?"

„Ich werde schreiben, daß ich zuwenig schöne Füß und zu viele ‚Büsen' gesehen habe!"

*

Wenn man nur das sagen würde, was zu sagen ist, würde man wortlos hie und da eine Hand, ein Knie zärtlichst berühren!

*

Es gibt wenig Frauen, denen man einen schlechten Busen verzeiht! Aber solche, denen man sogar das noch verzeiht, die hat man auch wirklich lieb! Infolgedessen verzeiht man keiner einen schlechten Busen! Es gibt Menschen, die genügsam sind, aber das sind keine Menschen! Das sind: Genügsame!

ROMANTIK DER NAMEN! U 9

Die drei englischen Panzerkreuzer „Aboukir", „Hogue", „Crecy" werden nordwestlich von Hoek van Holland von „U 9" vernichtet, sechs Uhr morgens.

Die Besatzung des deutschen Unterseebootes „U 9":
Kapitänleutnant Otto Weddigen, Kommandant.
Oberleutnant zur See Spieß.

Marineingenieur Schön.
Obersteuermann Träbert.
Obermaschinist Heinemann.
Bootsmannmaate: Hoer und Schoppe.
Matrosen: Geist, Rosenmann, Hempter, Schulz.
Obermaschinistenmaate: Marlow, Stellmacher, Hinrich.
Maschinistenmaate: März, Reichhardt.
Obermaschinistenanwärter: Wollenberg, v. Koslowski.
Oberheizer: Eisenblätter, Schückhe.
Heizer: Karbe, Schober, Lies, Köster, Vollstellt und Sievers.

Ein neues Wort in der Geschichte: Termopylae, Waterloo, Sedan, U 9!

EIN SCHICKSAL

„Habe also alles, alles getan, was Ihre Edelromantik, Ihre scheinbar schwärmerische Seele von mir verlangte, erwünschte, erhoffte, ersehnte! Max!

Der Lohn ist Ihr letzter kurzer kalter Absagebrief, Ihr frecher Diebstahl an meinem reichen Herzen!

Erinnere mich dabei nur an die Anekdote von dem Reiter und dem Bettler. Ein Reiter ritt frohgemut durch die Wüste. Da bat ihn ein Bettler um Hilfe. ‚In der Wüste des Lebens eine menschliche Betätigung!', dachte der Reiter, stieg ab, um zu helfen. Da schwang sich der Bettler aufs Pferd, galoppierte davon. Der Reiter rief ihm nach: ‚Das Pferd ist dein! Aber sollte je wieder ein Bettler Hilfe erflehen, ich lasse ihn verdursten, verkommen!'

Da wandte der Dieb das Pferd um und brachte es zurück!

Ihre
C. B."

DIE LIEBE

Mitzi Th. gewidmet

Weißt du, was lieben ist?!?

Wenn man vor innerer Zärtlichkeit vergeht — —;

wenn man ein Späher, Lauscher wird nach dem, was sie sich flüchtig, launisch nur, ersehnt im Übermute ihrer Kindlichkeiten — — —;

wenn man sie krank wünscht, um die Sorgfalt der Minute zu verhundertfachen — — —;

wenn man den Atem eintrinkt, der bei ihrem Sprechen unwillkürlich dich berührt — — —;

wenn man bereit ist, stets zu weinen, wie ein gekränktes Kindchen, wegen nichts — — —;

ein Herzgefäß, das überquillt von süßen Leiden; die Zärtlichkeit tropft aus, tropft über — — —;

wenn der Geruch von ihrem Wäschekasten dich belebt, wie andre noch nicht einmal Semmering-Wälder — — —

und wenn du ihr gebrauchtes feuchtes Handtuch inbrünstig an die Lippen drückst — — —;

wenn du die Haarnadel aus ihrem Haar sorgfältigst aufbewahrst und deren Duft verspürst, der nicht mehr ist — — —;

wenn dich ihr Blick erschüttert wie Musik — — —;
wenn du dich als Selbstlosen, los vom Selbst, jetzt
erst ganz lebendig fühlst — — —
Dann liebst du!
Früher nicht!
Sei sparsam mit dem Wort „Ich liebe dich", und
achte es, wie nichts auf Erden!

SPLITTER

Als ich einmal über die Verpflichtung angebeteter
Frauen, schöne Füße und wohlgepflegte Fußzehen zu
haben, perorierte, unterbrach mich ein Herr: „Mein
lieber Freund, in der Nacht sind alle Katzen grau!"

*

Mysteriös, angenehm-schrecklich ist der Augenblick, wo die Verzweiflung, die Spannung plötzlich
aufhört, eine geliebte Hand nicht berühren zu
dürfen!

*

Ich hatte eine riesig gescheite tiefe Freundin, die
in meiner Gesellschaft nie sprechen durfte, wollte,
konnte! Später heiratete sie und führte das große
Wort und wurde akklamiert. Dann schrieb sie mir:
„Wo sind aber die heiligen Zeiten, da ich noch
schweigend, in mich versunken, von Dir dennoch
innerlich akklamiert wurde!?!"

*

Ich hatte in meiner Kindheit eine Menge Lieblings-
märchen, die mich anzogen und anzogen, bannten,
tief ergriffen: Die Sieben-Eichen-Wiese beim Talhof in

Reichenau, die Buchenwildnis, die Königskerzenwiese, die Apollofalterwiese, der Ahornhain, die Brombeerstaudenwirrnis, die Bodenwiese, das Höllental, der Kaiserbrunnen, das Naßfeld — — —. Aber die Märchen aus den Büchern waren mir viel zu wenig märchenhaft!

*

Sehr viele Männer sind sehr intelligent, sehr nett, und machen dennoch ewig nur den Eindruck von Commisvoyageurs! Andere sind wieder weder sehr intelligent noch sehr nett und machen dennoch den Eindruck von Höchstzivilisierten! Woran liegt das?! Das kann ich euch ganz genau sagen: Die ersteren sind eben im Grunde ihrer Seele doch Commisvoyageurs, die anderen im Grunde ihrer Seele doch Aristokraten!

*

Frauen bemühen sich länger und geschickter als Männer, es einem zu verbergen, daß sie „ein großer Mist" sind! Jedenfalls haben sie ein größeres Interesse an dieser Sache!

*

Über die Phrase: „Sie sehen wirklich so jung und guterhalten aus!"
Die letzte Unterredung mit König Umberto. Aus Rom wird uns geschrieben: Am 23. September ist in Monza der frühere langjährige radikale Abgeordnete Oreste Pennati gestorben, der sein Vaterland von 1894 bis 1909 im Parlament vertreten hat. Pennati hat eine unerwartete Berühmtheit in Italien dadurch erlangt, daß er am tragischen Abend des

29. Juli 1900 der letzte Mensch war, mit dem König Umberto gesprochen hat. Er hatte den König als Abgeordneter für Monza auf dem Turnfestplatz empfangen und geleitete ihn nach dem Turnfest nach seinem Wagen. In heiterem Geplauder mit dem Abgeordneten schritt der König dahin, und an dem Wagen angelangt, sagte er auf ein Kompliment Pennatis über seine vortreffliche Gesundheit: „Ja, lieber Pennati, so jung wie die Turner da drinnen sind wir beide allerdings nicht mehr." Dabei wies der König lächelnd auf seinen schneeweißen Bart, schüttelte Pennati die Hand und schwang sich auf das Trittbrett der Equipage. In diesem Augenblick fiel der tödliche Schuß.

*

Wenn man im dichtgedrängten Varieté so dasitzt, daß man immer bedenkt, dem anderen die Aussicht nicht zu verkürzen, ist man ein Adeliger! Im anderen Fall ein Schurke!

*

„Stört Sie mein Zigarettenrauch?!" sagen die Herren devot-kriecherisch zu den Damen. Den Herren neben ihnen sagen sie das nie, außer denen, die sie anpumpen wollen!

*

Man möchte Frauen viel lieber Blumen schenken, wenn man es nicht wüßte, daß sie es erwarten!

DE AMICITIA

Freund ist einer, der es sich erlaubt, taktlose, infernale, rohe Bemerkungen und Fragen zu stellen, einen zu demütigen, zu blamieren, lächerlich zu machen, in den Augen der anderen herabzusetzen und, falls man sich darüber beklagt, zu sagen: „Ich bin doch dein Freund!"

Distanz einhalten ist die Kultur, der Takt, die Musik des Herzens. Aber wieviel Unmusikalische gibt es?! Es gibt genug notwendige Verletzungen in dieser Schlacht „Leben", aber die unnötigen erst sind Verbrechen! Heimtückischer feiger Meuchelmord an unschuldigen Nerven! Kindern wird das Blut zu Wasser, wenn Möbel krachen. Zarten Erwachsenen ebenso bei taktlosen Bemerkungen. Man erschrickt, wird hilflos wie ein Kind! Wehe euch, die ihr unsere Seelen, die an der Not der ganzen Menschheit traurig zu tragen haben, eines Scherzes wegen demütigt und belastet! In die Arena der blutig Übermütigen werden wir von euch getrieben, und je mehr spitze Lanzen in unserer Seele zitternd stecken, desto befriedigter, vergnügter seid ihr! Die scherzhafte „ironische Note" ist der feige Schutz der eigenen Armseligkeiten gegen den, der schweigend-ernst im Lichte seines Geistes, seiner Seele dasitzt!

KRIEGSHYMNEN

Kriegshymnen san net schlecht. Gar net schlecht! So Worttrompeten, Wortetrommeln, Wortgeratter: Auf in den Kampf, auf in den Tod! Zum Siege!

Doch schmerzlicher dient man dem Vaterlande
   mit einem Leberschuß, einem Schuß in die Niere, in die Nabelgegend!

Man muß es dann nämlich tragen, Jahre

lang, auch wenn die Kriegsbegeisterung vorbei ist,
und Nüchternheiten einziehn in die Seelen!
Nüchtern berauscht sein, das war ewig
die Devise meines Herzens! Künstlertum im Leben!
Nicht berauscht berauscht, und nicht nüchtern nüchtern!
Sondern nüchtern berauscht! Begeisterung in heiligen Friedenszeiten!
Der Krieg begeistert jeden schon von selbst!
Was braucht man da noch Trommeln und Trompeten?!?
Jedoch im heiligen Frieden wird wieder alles schlapp und müde,
und trottet fort in schäbigem Geleise!
In Friedenszeiten, Dichter, Philosophen,
rufet die Menschen wach und auf
zu Lügelosigkeit, Einfachheit, Askese und
vornehmer Gesinnung durch und durch!
Auf daß ein nächster Krieg unmöglich
werde und sein Schreckenslärm,
und ebenso Kriegshymnen-Blech!

REALE ROMANTIK 1914

Der Polizeihund und Kriegshund „Zerr", der sich schon in vielen wichtigen und schwierigen Dingen bisher ausgezeichnet hatte, wurde von seinem Besitzer dem Kriegsministerium zur Verfügung gestellt und ist mit seinem Pfleger, Herrn T. Wagner, gestern zu seinem Regimente in K. eingerückt. Sein „Herrl",

Dr. v. B., nahm auf dem Perron des Bahnhofes unmittelbar vor Abgang des Zuges seinen Kopf zwischen beide Hände, blickte ihm streng-gerührt in die Augen und sagte: „Zerr! Brav sein! Mir zuliebe! Verstanden?!"

Und der Hund schien verstanden zu haben, denn er kroch ruhig in den Waggon hinein, ohne vom „Herrl" mehr umständlich rührenden Abschied zu nehmen.

ÜBER DIE ANSTÄNDIGKEIT

Das mit der Anständigkeit ist auch so eine Sache! Es haben nämlich beide Teile anständig zu sein, in gleicher Art und Weise. Sonst kommt einer der Teile zu kurz dabei. Und das ist unanständig. Weil es schwächt! Alles, was schwächt, ist unanständig, sowohl von seiten desjenigen, der schwächt, als auch ganz besonders von seiten desjenigen, der sich schwächen läßt! Denn das ist dumm, inferior, und daher ebenfalls unanständig! Ich habe nur anständig zu sein dem wirklich Anständigen gegenüber! Sonst ist Kriegszeit der Seele!

Man muß Buch führen über alle Anständigkeiten und alle Unanständigkeiten seiner Nebenmenschen, sowohl Völker, Staaten, als auch einzelne, sogar sogenannte Liebespaare, eine gerecht reinliche wahrhaftige Buchführung! Um nicht in seelischen oder anderen Bankrott zu geraten und Konkurs ansagen zu müssen seiner für den Kampf ums Dasein notwendigen Lebensenergien! Ich kannte einen Mann, der zwei Jahre lang „Buch" führte über alle Gemeinheiten, vor allem unnötigen Grausamkeiten seiner süßen Geliebten. Eines Abends las er ihr ruhig und gemessen eine Stunde lang das ganze Register vor, und schmiß sie hinaus!

Sie sagte weinend: „Hätt'st mir dös früher g'sagt, hätt'st es nicht anwachsen lassen!"

„Ich?! Nein, du!"

PHILOSOPHIE

Wie kann man noch lieben, wenn man nicht mehr liebt?! Wie macht man das in seiner Seele aus?!

Da mußt du den Philister fragen! Der kann es!

Seine gestorbene Seele wird ersetzt durch die lebendige Verpflichtung!

Es ist ein Kunststück, eine Zauberei, ein Über-, ein Widernatürliches, jedoch er bringt's zustande!

Freilich, frage mich nicht, wie es dann in der verschanzten Festung seiner Seele ausschaut!

Sie ist zerschossen, kein Stein mehr auf dem Stein, ein Chaos!

Er hat kapituliert, dem Feinde sich ergeben „Verlogenheit",

ohne es zu wissen!

Er glaubt, er habe seine Pflicht getan!

Wahrhaftigkeit jedoch besiegt unerbittlich im Lauf der Zeit jede noch so gut verschanzte Festung „Lebenslüge"! Sie muß kapitulieren!

BEIM MORGENKAFFEE

Ein fremder Advokat, durch die Kriegszeiten vertrieben aus L., sprach mich beim Morgenkaffee in meinem Graben-Hotel an: „Pardon, kennen Sie unseren Dichter Sienkiewicz?! Der hat eine Skizze geschrieben: ‚Das Urteil des Zeus'. Die hätte ich Ihnen, Herr Peter, gegönnt, daß sie **Ihnen** eingefallen wäre! Apollo wettet mit Merkur, er könne die ‚**schönste Frau der Welt**' **verführen**. Merkur zeigt ihm eine ganz junge Schlossermeistergattin, die gerade zum Brunnen geht, Schürzen auswaschen. Apollo naht sich ihr in verschiedenen Gestalten, als Athlet, als Künstler, als Elegant, als Bankdirektor. **Vergeblich!** Da fragt Apollo Zeus und vermutet, Merkur habe eine Hinterlist angewendet bei der Wette. Sonst wäre es ganz unmöglich. ‚Ganz richtig,' erwiderte Zeus, ‚Merkur hat dir nämlich zwar gesagt, sie sei die **schönste Frau der Welt**, hat es dir aber verschwiegen, daß sie auch die **dümmste sei**'!"

SPLITTER

Wollen Sie Liebe?! Nein, **Verständnis!**
Wollen Sie Freundschaft?! Nein, **Gerechtigkeit!**
Weshalb?! Weshalb **nur das**?!
Weil ich mich rühme, daß aus **Verständnis** und **Gerechtigkeit** von selbst Liebe und Freundschaft **allmählich** erblühen werden!

*

Hungern, hungern, wenn man weiß, man wird dann fein zu essen bekommen, ein Glück! Essen, essen, wenn man ausgehungert ist, ein Glück, ein Glück! Aber gegessen haben, satt sein, ein Unglück! In dieser Situation befinden sich alle Glücklichen! Daher sind sie unglücklich!

*

Die Leute, die Geld haben, rechnen mir nach, daß ich, ohne Geld, dennoch glücklicher lebe als sie! Das ist unrichtig; aber mit ihrem Gelde würde ich allerdings glücklicher leben!

*

Wie kann man sich an Austern je satt essen?! Nach einem Dutzend hört man eben auf, um sich weiter nach einem zweiten Dutzend sehnen zu dürfen!

*

Vom Weib befreit, wirst du ein Held!
Vom Weib befreit, wirst du ein Weiser!
Vom Weib befreit, wirst du ein Herr!

*

Die Mode —— — das heißt für den anständigen ehrlichen Denker: Hygiene! Seid splitternackt unter euren Röcken! Seidene Socken, keine Höschen! Dem Wind, der Feuchtigkeit, Hitze und Kälte ausgesetzt! Staub kann man wegwaschen, nicht aber die Verweichlichung!

*

Mir sagte jemand: „Reden Sie mir nicht ab von meinen gefährlichen Kletterturen! Wenn ich das nicht mach, so mach ich arme unglückliche Mädchen

— — — unglücklich! Irgend etwas Aufregendes, Himmelsakrament, muß geschehen!" „A la bonheur!" sagte ich, „da derstessen S' Ihnen lieber!"

*

Man tut den Ärzten unrecht. Sie hätten doch einfach nichts zu verkünden als: „Wir können nur darüber wachen, daß der Kranke seine ‚Naturheilkraft' nicht verhindere!" Aber da sie das eben nicht verkünden, tut man ihnen nicht unrecht!

*

Goethe lehrt uns „Goetheisch" zu werden, das heißt rundum zu blicken, alles zu erleben, zu erleiden, zu genießen und noch dazu es philosophisch zu verdauen vermittels seiner Gehirnkräfte! Die anderen aber lehren uns: „Sixt es, so sind wir!" Eine Sache, die uns leider meistens gar nicht interessiert!

*

An eine wunderschöne Fünfzehnjährige:

Was die Männer, die dir „nachsteigen" und „Coco, Wiener Journal, An jenes kleine Fräulein, das vorgestern Ecke — — —" annoncieren, von dir sich ersehnen, weißt du! Darauf sich etwas einzubilden ist Sache einer Gans! Du kennst doch diese kleinen weißen netten Blechhäuschen, in denen so mancher notgedrungen für Augenblicke gern verweilt, um sie sobald als möglich wieder zu verlassen?! Solch einem Häuschen willst du doch hoffentlich nicht ähnlich werden?! Wenn jemand zu dir sagt, daß er unaufhörlich an dich denke, so erwidere ihm, daß das keine sehr lukrative Beschäftigung sei! Falls er dir mit Selbstmord droht oder Melancholie, so erwidere ihm, daß es gestern ein wenig kühl gewesen sei, das Wetter nachmittags sich aber Gott sei Dank freundlicher gestaltet habe. Sollte dir jemand etwas schenken wollen, so nimm es stets ruhig an, denn die Gewissensbisse darüber, einen vielleicht praktischen und netten Gegenstand eingebüßt zu haben, sind gefährlicher für deine Seele als die Annahme! Man kommt in eine nähere Berührung durch einen „Refüs", denn es nistet sich leicht in dein Spatzengehirn das Wort „armer Kerl!" ein. Mitleid mit jemandem haben, der einen „haben" will, ist eine horrende Eitelkeit. Eine Selbstüberschätzung. Kannst du dir, aufrichtig, ernstlich es vorstellen, daß einer à tout prix nur mit dir glücklich werden kann?! Nein!

DIE „GEWÖHNLICHE FRAU"

Wehe dir, der du nicht geschützt bist vor Frauengunst,
und verbrennst in Liebesbrunst!
Ein ewig Wachsender bisher, wirst du nun ein Stillgestandener!
Eh du es spürst, bist du ein anderer,
ein Niederhocker wirst du, Wanderer,
Nicht wie im Kaleidoskope mehr wandeln sich dir in holdem Verändern die Bilder des Lebens,
wandelt sich dir dein wandernder Blick;
und im kleinen Kreislauf und lieblichen Austausch geschlechtlich-seelischer Kräfte
vollendet sich nun dein allzu gesichertes Alltagsgeschick!

Aber die anderen, einsam, den Blick gerichtet in Fernen,
 folgen unentwegt ihren Sternen!
Wehe dir, der du nicht vor Frauengunst geschützt bist,
 und nur für die „kleine Tat" des Lebens ausgenützt bist!
Für die All-Schönheit darfst du nichts mehr fühlen — — —
Die Hauptsache ist, du sollst dich nicht verkühlen!
Nicht mehr bei Emerson-Lesen und Beethoven-Spielen,
 wirst du himmlische Kräfte zu unerschöpflicher Tat aufspeichern!
Emerson und Beethoven sind heilige Geber — —
 aber die Frau will sich an dir bereichern!!
Und du, Arm-seliger, verarmst!
Deines Größenwahnes heiligen Kern heilt sie dir,
 gibt dir zugeschnittene gesunde Glückseligkeit dafür!
Im blasenden Sturm hemmt sie dir deinen Lauf,
 stellt dir sorgsam den Rockkragen auf!
Vor Abgründen sucht sie dich zu bewahren,
 läßt dich in den Abgrund deiner Alltäglichkeit fahren!
Dein Gehirn schützt sie vor Melancholien und Träumen,
 weiß mit überschüssigen Kräften aufzuräumen!
Deine Seele schützt sie vor Wanken und Schwanken,
 weiß sie an nahe Ziele festzuranken!
Deinen Körper zwingt sie schäbig, sich zu erhalten,
 denn sie braucht ihren Alten!!

Wehe dir, der du nicht geschützt bist vor Frauengunst,
und verbrennst in Liebesbrunst!
Unser vergebliches Sehnen ist unser Kräftespender!
Unser erreichtes Ziel ist unser Wegbeender!
Durch unsere Tränen hängen wir mit der Welt zusammen,
die selbst ewig um Ideale weint!
Doch unser Siegerlächeln wird uns verdammen,
denn wir sind vorzeitig geeint!
Zum Abschluß will die Frau uns bringen,
und unser Ringen!
In friedvolle endgültige Ehe wollen wir einst mit der Gesamtnatur treten,
Ihr aber müßt bereits zu Anna oder Grete beten!
Der Gott in dir duldet keine Göttinnen,
aber schon gar nicht irdische Hundsföttinnen!
Bei Emerson-Lesen und Beethoven-Spielen
kannst du unerschöpfliche Kräfte erzielen!
Aber selbst deine vollkommenste Frau
erhebt sich nicht zu Brünhildens Abschiedsworten:
,,Zu neuen Taten, teurer Helde,
wie liebt ich dich, ließ ich dich nicht?!?"
Es ist ganz einfach: Deine vollkommenste Dame
wird stets eine Klette, eine infame!

RELIGION

Es gibt kein Vernarben ,,seelischer Wunden".
Der, bei dem es geschieht, der hatte keine. Es war,

mit Respekt zu sagen, ein oberflächlicher Hautritzer, eine Rißquetschwunde, etwas, was gefährlicher zu sein scheint als es ist! Es heilt! Das ist der Beweis, daß es nicht tief ging, nicht ins Zentrum der „heiligen Unheilbarkeiten"! Was heilen kann, enthält noch Konzessionen an das feige Leben; lasse dich nicht täuschen von solchen Wunden, so schrecklich sie auch aussehen mögen, schon ist die mitleidige Natur am Werke, alles wieder schön zu reparieren, und dich, Feigling, dem Leben und seinem tätigen Frohsinn wiederzugeben! Wehe euch, die ihr wieder friedlich lächeln könnet, denen Gott in seiner gnädigen Ungnade nicht den ewigen Schmerz in die Seelen gesenkt hat! Ihr entzieht euch einer „heiligen Mission", die euch auferlegt wurde, um eigenwillig lieber ein Geschäft auf Erden zu effektuieren, das sich nicht rentieren kann! Von dem Wäschekasten eures verstorbenen Töchterchens müßt ihr ewig leben können, von den sorgsam mit seidenem Bande zusammengebundenen Hemdchen, von den Sockerln, von dem Kleidchen ihres ersten Kinderballes! An eurer Trauer müßt ihr friedvoll werden! Entziehet euch nicht, falsch und feig beraten, eurem Schmerze, der euch verklärt und erst zu „Menschen", zu „Dichtern" macht, zu „Gott-ähnlichen" Wesen! Solange du klagst, lebt der, um den du klagst! Denn Gott läßt ihn in deinem wehen Jammerschrei wiederauferstehen! Wenn du aber wieder lächeln kannst und „dem Leben gerecht werden und seinen Anforderungen", dann erst ist er tot, zum zweitenmal gestorben und für immer! Dein Lächeln hat dir ihn getötet!

WERDET EINFACH!

Mittendrin in diesem Weltsturm sitze ich krank in meinem Zimmerchen und überdenke, überschaue die Sünden, nein, die Irrtümer der Menschheit! Denn die große Sünde ist — — sich irren! Sich nicht irren ist allein sündelos! Neid, Eitelkeit, Eifersucht, Eigendünkel, falscher Ehrgeiz beherrschten die Welt! Ein Irrtum des Lebens!

Werdet einfach!

Wenn ihr jetzt, jetzt nicht es erkennt, daß jeglicher Luxus überflüssig, traurig, lächerlich, schändlich und vom Satan ist, daß die Welt und ihr unnütz euch groß getan habt mit Überflüssigem, wann, wann werdet ihr es dann noch jemals erkennen?!

Werdet einfach!

Gesundheit, Reinheit des Leibes und der Seele werde euer einziger Luxus!

Und Luxus werde eure Schande! Ich habe am „Lido" die häßlichsten Füße und Fußzehen erblickt und die schönsten zartesten Strümpfe und Schuhe! Betrügerinnen!

Ihr seht, der Tand hat euch nicht vorwärts gebracht, ein Welten-Brand vernichtet gleichsam alle Seidenfetzen und Reiherfedern der Erde, alle Pelze und Perlenketten!

Werdet einfach!

Jetzt, jetzt könnt ihr mithelfen, indem ihr den Mann, der ewig Wichtigeres zu schaffen hat, von nun an und für immer entlastet von unnötigen Ausgaben! Hygiene und Diätetik, diese Sparer und Mehrer menschlicher Lebensenergien, seien euer Luxus! Auch

im Blechlavoir kann man rein werden, mit Schwamm und billigster Kernseife! Eure Wände seien getüncht, eure Fenster bei Tag und Nacht geöffnet, euer Lager hart-gesund, eine Art idealer Pritsche, bester Loden und bester Flanell ersetzen euch die verbrecherischen Pelze!
Werdet einfach!
Es gibt einen Genuß der Einfachheit! Es gibt einen Stolz, es gibt eine Ehre des einfachen Lebens. Jeder helfe jetzt mit, die Welt zu reinigen von düsteren, grausamen, heimtückischen, teuflischen Vorurteilen. Tod dem Überflüssigen, es belastet, raubt Kräfte, schwächt, verhindert und zerstört!
Werdet einfach!

LAOTSE; URALTER CHINESISCHER PHILOSOPH

1. Geheime Erleuchtung

Was man zusammenziehen will,
das muß man erst sich richtig ausdehnen lassen.
Was man schwächen will,
das muß man erst richtig stark werden lassen.
Was man beseitigen will,
das muß man erst richtig sich ausleben lassen.
Wo man nehmen will,
da muß man erst richtig geben.
So heißt die geheime Erleuchtung.
Das Weiche siegt über das Harte,
Das Schwache siegt über das Starke.

2. Fernschau

Ohne aus der Tür zu gehen
kann man die Welt erkennen.
Ohne aus dem Fenster zu blicken
kann man des Himmels Sinn erschauen.
Je weiter einer hinaus geht,
desto weniger wird sein Erkennen.
  Also auch der Berufene:
Er wandert nicht und kommt doch ans Ziel.
Er sieht sich nicht um und vermag doch zu benennen.
Er handelt nicht und bringt doch zur Vollendung.

3. Überströmendes Leben

Große Vollendung muß wie unzulänglich erscheinen,
so wird sie unendlich in ihrer Wirkung.
Große Fülle muß wie leer erscheinen,
so wird sie unerschöpflich in ihrer Wirkung.
Große Geradheit muß wie krumm erscheinen.
Große Begabung muß wie dumm erscheinen.
Große Beredsamkeit muß wie stumm erscheinen.
Bewegung überwindet die Kälte.
Stille überwindet die Hitze.
Reinheit und Stille ist der Welt Richtmaß.

4. Mäßigung der Begierden

Wenn der Sinn herrscht auf Erden,
so tut man die Rennpferde ab zum Dungführen.
Wenn der Sinn abhanden ist auf Erden,
so werden Kriegsrosse gezüchtet auf dem Anger.
Keine größere Schuld gibt es
als Billigung der Begierden.

Kein größeres Übel gibt es,
als sich nicht lassen genügen.
Kein schlimmeres Unheil gibt es
als die Sucht nach Gewinn.
Denn:
Das Genügen der Genügsamkeit ist dauerndes Genügen.

5. Warnung

Dein Name oder dein Ich:
Was steht dir näher?
Das Ich oder der Besitz:
Was ist mehr?
Gewinnen oder verlieren:
Was ist schlimmer?

Nun aber:
Wer sein Herz an Totes hängt,
verbraucht notwendig Lebendiges.
Wer viel sammelt,
verliert notwendig Wichtiges.
Wer sich genügen lässet,
kommt nicht in Schande.
Wer Einhalt zu tun weiß,
kommt nicht in Gefahr
und kann so ewig dauern.

DIE „TAUBE"

22. September 1914.

Plötzlich knallt ein Gewehrschuß, dann ein zweiter, dann zehn, dann hundert und hundert. Das Feuer eines Gefechtes erhob sich über Paris. Woher kam es? Wer weiß, von den Dächern vielleicht. Man sah aber niemanden. Vielleicht waren oben in den Mansarden Soldaten versteckt. In der Nähe und in der Ferne vermehrten sich die Gewehrschüsse; auch schien man ein entlegenes Maschinengewehrgeräusch wahrzunehmen. Dies alles war großartig und merkwürdig zugleich. Die „Taube", viel zu hoch, um getroffen zu werden, verfolgte weiter ihren Kurs, flog nach den Tuilerien, verschwand hinter den Dächern, kam wieder über die Rue de la Paix, verschwand wieder. Als das Fahrzeug zurückflog, hörte man auf einmal das tiefe Geräusch einer Explosion; dann wieder und wieder eine: der Flieger warf Bomben. Ein anmutiges junges Mädchen, „Mannequin" eines Pariser Modehauses, dreht sich um und wendet sich an eine Kollegin: „Cochon d'alboche, il fait kaka sur nous!"

ÜBER GERÜCHE

Frauen sind enorm impressionabel, sie nehmen so leicht die Gerüche ihrer Umgebung an! War sie in der Milchkammer, so riecht sie noch stundenlang nach Milch, ihre Hände, ihre Haare, ihr ganzer Leib — — —. War sie auf dem Gemüsemarkte, so riecht sie noch stundenlang nach allen Gemüsen, wie Kräutersuppe — — —. Im Garten riecht sie nach Flieder oder Linde oder überhaupt nach Garten — — —. Auf der Alm nach Kuhweide und Kurzwiese. Das ist ein tragisches Schicksal; denn immer riecht sie daher auch nach dem letzten Hunde, mit dem sie gerade beisammen war, nach dem letzten Snob und seiner Pestausdünstung, seinem Lügegestanke! Nach Dichtern riecht sie nie, denn Dichter halten sich in respektvoller Entfernung, wahrscheinlich aus künstlerischem Egoismus! Am meisten riechen sie nach "Frechlingen", die einem immer allzu nahe treten! Da nehmen sie denn die Gerüche am allerleichtesten an — — —. Edle Frauen sollten unbedingt immer in der Natur bleiben oder in der heiligen Einsamkeit ihres eigenen Zimmers. Überall sonst stinkt es!

Auch gute Bücher stinken nie, sie sind das Destillat aus allen übelriechenden Sünden, die man begangen hat; man hat daraus endlich einen Tropfen wohlriechender Menschlichkeit gewonnen!

Aber die anderen destillieren nicht!

MODERNE ARCHITEKTEN

Bei der Wohnung eines Pferdes sagt man: Wie gedeiht das Pferd, dieses edle Tier am besten?!! Bei der Wohnung eines Schweines: Wie gedeiht das Schwein, dieses nützliche, am besten?! Bei der Wohnung der Kuh: Wie gibt sie die fetteste Milch?! Nur beim Menschen fragt man das alles nicht. Man fragt: Ist es schön?! Schön, schön, dieses alleridiotischste Wort! Nein, nicht idiotisch, denn mit Marmor und Mahagoni macht ihr eure Geschäfte, zehn Prozent vom Architektenhonorar! Bei getünchten Wänden und Eiche oder Buche bekommt ihr nischt! Deshalb Pracht, Pracht, am prachtesten! Und die Kundschaft?! Kann sie nicht Neid, Eifersucht, Ver-

zweiflung erwecken bei denen, die in „Ställen" leben?!
Na also, san mer zufrieden! Auf Gesundheit wird gepfiffen! Nur Pflanz!
Hoch Mahagoni!

WERTHERS LEIDEN

Siehe, man wird milde und verständnisvoller!

Habe mit 55 Jahren „Die Leiden des jungen Werther" wieder gelesen. Verstehe absolut nicht mehr diese Talmisentimentalität und reelle Verlogenheit dieser Lotte Kestner gegenüber und ihrem Gatten Herrn Albert, diesem Biederen, die man einst verehrte. Beide weiden sich doch gleichsam an der mysteriösen Wirkung, die diese anständige Gans auf das zarte Dichtergemüt dieses herrlichen unglückseligen Werther ausübt, ja, beziehen davon sogar vielleicht einen Teil ihres eigenen Lebensglückes! „Mir zwa g'hören halt einmal zusammen, etsch!" Albert müßte als wirklich anständiger Mensch, der ein Philister eben nie ist, nie sein kann, der Lotte sagen: „Mein liebes Kind, dieser Edelmensch ist krank an dir, erhöre ihn ein einziges Mal, und entlasse ihn dann gnädig, daß er die Edellast seiner armen gequälten Seele wenigstens weiter ertragen könne durch die ewige Erinnerung an eine Glückseligkeit, die ich tausendmal habe durch Schicksals unverdiente Gnade!"

Und Lotte ihrerseits müßte es von selbst sagen: „Werther, du bist an mir krank, und ich sollte, im Gegensatze zu jedem fremden Arzte, der für nichts seine ganze Kunst jedesmal aufbietet, irgendeinen gleichgültigen Fremden zu heilen, dich vor mir dahinsiechen lassen und trotzdem keine Hand rühren?! Da müßte ich mich ja als eine feige Mörderin vor mir selbst schämen!"

Aber es geht eben anders aus, und alle Hypokriten sind gerührt. Ich nicht!

Lotte und Herr Albert, euer schmales mageres Eheglück wiegt nicht auf eine einzige Qualstunde Werthers!

Dös merkt's euch, ihr Herrschaften, die sich anständig dünken, weil's ka Herz habts! Außer für ihr G'schäft, das sie untereinander machen! Aber wirklich untereinander!

DU HAST ES SO GEWOLLT

Nun hast du deine Ruhe, süße Frau — — —
Nicht stört dich mehr mein Schlachtkalb-Blick —
So hast du es gewollt!
Ich hab's vernommen! Ich war dir eine Last!

Und Tage werden kommen, Jahre, vielfältigen Schicksals — — —

Und einst wirst du in einer müden Stunde in meinen Briefen kramen:

„Er ward sehr krank an mir; ich aber ließ ihn sterben — — —."

Nun hast du deine Ruhe, süße Frau.

Verstummt der bangen Klage störendes Geplärre!

Es spricht dein harter Blick: „Sehen Sie, so sind Sie mir viel lieber!"

Sahst du den schwarzen Panther in seinem Käfig manchmal mit dem gelben Blick des Wahnsinns rastlos seine Achter schleichen?! Sahst du ihn?! — — —

Nun hast du deine Ruhe, süße Frau.

„Wir wollen gute Freunde bleiben, Peter, nicht wahr?! Nicht? Wie?! Was, was haben Sie?!"

„Nichts — — —" sagte ich und reichte dir die Hand.

PRODROMOS

Ein Riesenhai, 4^1/$_2$ m lang, 700 kg schwer, kam zum Haidoktor und beklagte sich über furchtbare Schmerzen in der Magengegend. Der Haidoktor operierte ihn und fand im Magen rechts unten den Stiefel eines siebenjährigen Kindes und eine Batist-Frauenunterhose. „Habe ich nicht immer in meinen berühmten Büchern davor gewarnt, angezogene Menschen zu verspeisen, da Lederstiefel und Wäsche eine Gefahr für den Verdauungsapparat bilden des zarten Haimagens?! Ich pries euch hundert- und hundertmal den völlig nackten badenden Menschen an! Aber ihr wollt nicht lernen!

Der nackte badende Mensch ist leichtverdaulich, hinterläßt keine ‚schädlichen Rückstände'."

„Herr Doktor," sagte der Riesenhai, „die Begierde hat mich hingerissen! Als ich die junge Frau und das Kind erblickte, vergaß ich auf die unverdaulichen Stiefel des Kindes und auf die Unterhose der jungen Frau!"

„Mein junger temperamentvoller Freund, diesmal habe ich Sie noch herausgerissen; aber lieber hungern und auf Leichtverdauliches warten als etwas Schwerverdauliches wegen eines momentanen Lustgefühles hinunterschlingen!"

HUMANITAS

Mein Kind, mein Geliebter, meine Schwester, meine Tante, mein Hund! Aber nie: Meine Menschheit! Meine tausend Brüder und Schwestern, die unbekannten, und dennoch so gut bekannten wie die, deren Familiennamen man zufällig kennt!

„Gibt es ein Wesen, das sich so freut, wenn ich nach Hause komme, wie mein Hund?!"

Nein, denn er lebt Tag und Nacht von deiner übertriebenen lächerlichen Zärtlichkeit, erpreßt sie ununterbrochen durch Wedeln und ängstlich Schauen, macht dich, ein geschickter ungeheurer schäbiger Hunds-Egoist, zum Sklaven seiner teils sentimentalen, teils reellen Bedürfnisse! Ein geliebter und verwöhnter Hund ist stets das Sedan, das Waterloo einer Seele, die in dem ehrlichen Krieg, dem unerbittlichen Krieg des Lebens, zu schwächlich, zu minderwertig war, zu siegen! Habe die Kraft, nach Hause zu kommen, müde, erschöpft, enttäuscht vom Leben, ohne daß dich ein Köter, den du auffütterst mit Wurst und Zärtlichkeiten, befriedigt und tröstet durch sein feiges Schweifwedeln! Habe einfach die Kraft, zu leben, zu wirken, ohne auf die Anerkennung minderwertiger Organisationen zu reflektieren!

SPORT

Wenn ich so Wintersportsleuten, edlen zarten Damen, stundenlang zuhöre, schaudert es mich! So wenig, so kläglich wenig stilles idyllisches romantisches Glück am schönheitsprangenden Frieden der Natur! So viel strenger lächerlicher Egoismus und schäbige Befriedigung, ob man über eine Fläche, auf der man drei Stunden lang hinaufstapfte, in fünf Minuten wieder heruntersauste! Natur als Zirkus, als Manege! Wie wenn jemand sagte: „Nach Beethovens Neunter krieg ich immer so einen gesunden Appetit zum Nachtmahl!" Wie ist es, daß euch schneebedeckte Wiesen, kahle Bäume und Notschrei der schwarzen Krähe nicht edel-trübsinnig machen und zugleich erhoben über das lügereiche Leben, das ihr führt trotz allem?! Es ist, weil ihr selbst die tiefe Poesie der Winterlandschaft in eure schamlos harten Dienste zwängt! Sich hingeben kennt ihr nicht! Sich verlieren! Ihr seid euch zu wichtig!

DAS LEBEN

Er schrieb eine Hymne auf die Einfachheit der Kleidung in diesen Kriegszeiten, es kam sogar eine Stelle vor: „Und teure Pelze seien eure Schande! Loden und Flanell eure Ehre!" Nun kam eine Dame an seinen Stammtisch mit einem Polarfuchspelze. „Sie sehen, Herr Dichter, wie wenig Ihr Angriff gegen uns Frauen gewirkt hat!" sagte sie. „Das sehe ich nicht, sondern im Gegenteil, es zeigt sich eben etwas

sehr Wichtiges, nämlich: L uder bleibt Luder!"
sagte der Dichter, und entfernte sich hoheitsvoll wie
König Heinrich, den der Herr B'suff Falstaff an-
gerufen hatte: „He, Heinz!"

DAS TESTAMENT

Das Testament Pius X.

„Messaggero" will von einer vatikanischen Persönlichkeit den Wortlaut des Testaments des Papstes
erfahren haben. Es soll nur wenige Zeilen enthalten
und mit folgender Erklärung schließen:
„Ich bin in Armut geboren, habe in Armut
gelebt und will in Armut sterben.
Ich bitte den Heiligen Stuhl, meinen Schwestern
monatlich 300 Lire auszuzahlen.
Ich will nicht einbalsamiert werden."

HELFEN

Wir wollen von den Mitmenschen, von uns selbst,
nicht mehr, nicht Schwierigeres verlangen, als
dem menschlichen Nervensystem einmal leicht-
faßlich ist! Opfer, ja, aber in der Sphäre der Opfer-
fähigkeit! Der eine bemitleidet malträtierte Pferde,
der andere Hunde, die zu schwer am Karren zu ziehen
haben, der eine hungernde mißhandelte braune Knaben, der andere hungernde mißhandelte blonde
Mäderln. Ein jeder hat seine Privatseele, sein Privat-
mitleid, das er mit dem objektiven Weltenmitleid in

einen diplomatischen Zusammenhang zu bringen sich bemüht! Seien wir nicht radikal, nicht engherzig, wenn einer für die Freiwillige Kinderschutz- und Rettungsgesellschaft lieber ein flachsblondes schönes stumpfnasiges Mäderl zu erretten wünscht von ihren Peinigern als eine Schwarze mit einer häßlichen Nase! Möge man private Vorliebe mit allgemeiner Menschlichkeit in einen natürlichen Akkord bringen, und von den Menschen, und sogar von sich selbst, nichts Übermenschliches verlangen! Als ich 24 K. heute hinterlegte zur vier Wintermonate langen Ausspeisung eines blonden stumpfnasigen Mäderls, sagte der Sekretär zu mir: ,,Glauben S', die Schwarzen haben kan Hunger?!" ,,O ja," erwiderte ich, ,,da werden sich halt hoffentlich auch Liebhaber finden!"

LIEBE ZU GEGENSTÄNDEN

Liebe zu Gegenständen, nicht ,,befriedigte Eitelkeit" in bezug auf Schmuck und Wohnungseinrichtung, sondern Liebe, wirkliche Liebe zu einzelnen Gegenständen, die dem wirklichen Geschmack entsprechen, sollte man Kindern und Frauen, auch Kindern, beibringen! ,,Diesen Stock habe ich sehr lieb," sagte ich zu Fräulein Mizi, die zu Besuch bei mir war. ,,Er hat einen schönen Griff aus Rhinozeroshorn, braunrötlichgrau, und einen Stab aus hellgelbem Buchs. Ich putze ihn täglich mit einem Rehlederlappen. Niemand darf ihn mir anrühren."

,,Mir geben Sie ihn auch nicht in die Hand, mir?!"

,,Bitte, nehmen Sie ihn!"

Sie fuchtelte damit sogleich absichtlich herum, bis in die gefährliche Nähe der von der Plafondlampe herabhängenden zwei langen Fliegenleimbändchen.

„Bitte nicht, geben Sie acht, der Fliegenleim geht nicht so leicht wieder herunter."

„Hat ihm schon!" sagte sie triumphierend.

„Das war unnötig," sagte ich streng.

„Tun S' Ihner nix an mit Ihrem dalkerten Stecken!" Und schmiß ihn ins Zimmer hinein. Ich hob ihn auf, putzte ihn ab mit meinem Rehlederlappen. Da ging sie gekränkt und beleidigt stolz von dannen. „Wegen so an Stecken, hm! Da bin ich mir doch mehr wert!"

ALMA

(Gustav Mahler gewidmet)

Sie saß in tiefer Trauerkleidung im Goldenen Prunksaale, in dem die „Kindertotenlieder" ihres verstorbenen Gatten, an das verstorbene elfjährige Töchterchen, aufgeführt wurden. Die Sängerin sang schlicht, die Instrumente murmelten und klagten. Irgend jemand schlich behutsam herein und setzte sich. Irgend jemand schlich behutsam hinaus. Man markierte Ergriffenheit. Die Dame in Trauerkleidung saß da und verbarg ihr Leid vor den Menschen — — —. Man markierte „Totenweihe". Wenn jemand sich räusperte, sagte man: Pst! Sie dachte vielleicht an die Ufer des Wörthersees, wo ihr Kind und ihr Gatte im Sonnenlichte sich gebräunt hatten — — —.

Neben ihr saß einer, der wollte ihr so sehr gerne die Last abnehmen — — —. Er war aber ganz hilflos. Er dachte nur: „Wie hilflos sind wir Hilfbereiten!" Dann bot er ihr Kuglerbonbons an, „Crême de Mokka" — — —. „Ich kann das Stanniolpapier nicht herunternehmen wegen meiner Handschuhe," sagte sie leise. Da wurde er ganz rot, ihr den Dienst leisten zu dürfen — — —. Er tat es so ängstlich behutsam, daß sie lächeln mußte. Ja, sie lächelte. Das dritte Kindertotenlied weinte: „T à dǎ tà, tà dǎ tà, tà dǎ t à dǎ tà dǎ t à — — —."

DER „ROTE STADL", AUSFLUGSORT BEI WIEN

„Liebe, liebe Freundin Lióschka, nun habe ich also Sonntag Ihr kleines ‚Erdenparadies' gesehen, den Ausflugsort ‚Zum Roten Stadl'! Für andere ist es nichts, nichts, ein Jausenplatz, wo die reichen Menschen ihre Automobile, ihre Frühlingstoiletten zeigen, Mädchen ihre reichen Liebhaber, diese ihre schönen Geliebten! Und der Gugelhupf ist schlecht, mit wenig Eiern und noch weniger Rosinen angerührt. Aber für Sie, Lióschka, ist es eine süße Traumwelt, Ihre Märchenwelt. Alles, alles betrachten Sie da liebevollst gerührt, es ist Ihre Seelenheimat, mehr wünschen Sie sich ja gar nicht vom Leben; da fühlen Sie sich frei und glücklich. Das, wovon die andern leben, ist für Sie von keinerlei Interesse, und für die kahlen Bäume und den Wiesenbach am ‚Roten Stadl', an einsamen Wochentagen, geben Sie den ganzen schreienden Prunk des Lebens hin! Sie sind eine Dichterin, der man es aber leider nicht glaubt. Das ist sehr, sehr traurig. Ihre Seele ist unverstanden im Getriebe der Welt! Mehr kann man darüber nicht sagen. Ich empfinde Ihre Traurigkeit! Mehr kann ich darüber nicht sagen. ‚Roter Stadl', für Dich eine Welt! ‚Roter Stadl', siehe, uns bist du ein Platz wie ein anderer — — —.

Dir aber ist er traut und heimlich und lieb! Schon das Wort ‚Roter Stadl', uns klingt es ‚weanerisch', Dir aber wie ein tiefes Lied! Deshalb wollen wir hier, in Deiner Gesellschaft, verstummen, und Deine Andacht nicht stören, Lióschka! Vielleicht wirst auch Du uns dann einst einen solchen Dienst erweisen, wenn auch uns, irgendwo, Dir unverständlich und fremd, einst düstere Trauer umfängt — — —!
Peter Altenberg."

POETA

Ein Dichter, der kein Sozialdemokrat ist, und sogar, mit Rücksicht auf Haß und Verachtung der durch Gewohnheit eingenisteten Vorurteile der Menschen, kein Anarchist ist, ist kein Dichter! Wer sich, seine Familie, seine Kinder, seinen Frieden mehr liebt als die fremde entfernte Menschheit, ist kein Dichter! Er dichtet, aber er ist kein Vertreter! Kein Fürsprecher, kein Vorsprecher aller! Er ist kein Standartenträger in der Schlacht der Welt! Er amüsiert, er rührt, aber er heilt nichts! Er ist kein Arzt der kranken Menschheit, also kein Dichter! Er dichtet für die Gesunden, Befriedigten, und die brauchen ihn nicht! Die können sich ohne ihn behelfen, sich durchfretten! Ein Dichter sagt das, nur das, woran alle anderen kranken, leiden, daß sie es nicht aussprechen können, dürfen! Sonst braucht man ihn ja nicht. Auf Reime, Verse, Phrasen wird verzichtet! Eine Dame der Gesellschaft sagte zu mir: „Wir wollen erhoben werden, erfreut von euch Dichtern!" Ja, Schnecken, das möcht euch so passen, ihr Drohnen der arbeitsamen Weltentwicklung!

SAPPHO
(Erika von Wagner gewidmet)

Soll die „Sappho" von einer reifen Künstlerin gespielt werden oder von einer jungen?!
Von einer jungen Reifen! Von einer reifen Jungen!
Sappho soll von dem Herrn Phaon und dem Fräulein Melitta nicht sekiert, gedemütigt, gemartert und stehen gelassen werden, weil sie eine alte Schachtel ist mit seelischen und noch anderen Ansprüchen, sondern nur deshalb, weil sie eine Dichterin ist, also ein höherer Organismus, der von den kriechenden Lebenstierchen deshalb allein eben stets und überall mißverstanden, gemieden, gedemütigt und verraten wird!
Sappho muß wegen ihrer hoheitsvollen Art zu denken, zu fühlen, zu stehen, zu gehen, zu sprechen, zu schweigen, einen peinlichen drückenden Respekt einflößen, den die Armseligen eben nicht lange aushalten! Man verrate sie um ihrer ewigen inneren Jugend, nicht um ihres äußeren Alterns willen!

Sie werde gespielt von einer Jungen, Reifen! Sollen wir vielleicht das Gefühl haben, daß eine alte zudringliche Gedichtemacherin und Harfenklimperin zwei frische fesche Menschenkinder belästigt und stört in ihrem berechtigten Lebensglücke?! Nein, wir müssen durch des Dichters Grillparzer Gnade und des adeligen Jugendprangens der Darstellerin auf seiten Sapphos stehen! Gegen das, ha ha, Liebespaar, Phaon und Melitta! Verräter sind sie, weil sie armselig sind!

GERECHTIGKEIT

„Die Achtung vor dem Gegenstande," sagte ich, „sehen Sie, das mangelt den meisten sogenannt kultivierten Frauen! Das müßte man ihnen beibringen, von Kindheit an! Die Achtung vor der Puppe, dem Puppenschranke, vor den netten Möbeln im Zimmer. Die Sachen in Ordnung halten, reinigen, ist noch nicht: sie liebhaben und schätzen! Es ist eine sozusagen überkommene lederne fast lästige Pflicht. Sehen Sie, ich liebe z. B. diese Zigarettendose aus gemasertem und geflammtem und gescheckten Koreschkaholze. Ich sorge dafür, daß sie politiert bleibe wie am ersten Tage und ohne Kratzer! Da würde sie mir wertlos. Niemand darf sie mir daher in die Hand nehmen!"

„Ich auch nicht?! Ich aber doch!" sagte Fräulein Angela.

„Nein, Sie auch nicht!"

„Das ist aber nicht sehr liebenswürdig!" Und hatte sie schon zwischen den Fingern.

„Gans!" sagte ich.

„Was, wegen so einer dalketen Dosen mich beleidigen!? Ah da schau her, der Narr!"

Und warf die Dose hin.

„Gans!" sagte ich und putzte die Dose mit meinem Rehleder blank.

„Mit Ihnen bin ich fertig! Das also ist Ihre Verehrung?! Gut, daß ma's waß!"

SPLITTER

Wenn eine Frau keine sexuell-ästhetische Anziehungskraft mehr hat, muß man von Glück sagen, wenn sie keine Verbrecherin wird, aus Ranküne gegen das angeblich unverdiente Schicksal. Es wäre denn, daß sie gute, zarte, nahrhafte Suppen kochen und Leinenlöcher nett ausflicken kann! Das versöhnt sie wieder ein bißchen mit dem harten Schicksal! „Zu irgend etwas bin ich ja doch noch zu gebrauchen!"

*

„Mein Herr, was haben Sie Ihrer wunderbaren zarten Frau zu bieten?! Ihren Größenwahn, an den sie glauben muß, weil Sie ihr zu fressen geben!? Ich habe ihr zu bieten mein zärtlichstes Gedenken bei Tag und Nacht. Bei mir muß sie an nichts glauben, und sie glaubt und sie weiß dennoch! Sie weiß, daß ich bei der Berührung ihrer geliebten Finger vergehen, ja zerfließen würde vor Seligkeit, und daß Sie die Inanspruchnahme ihres ganzen Organismus nur als eine selbstverständliche erfüllte Verpflichtung spüren! Sie können also nicht mit mir konkurrieren, außer ich käme in eine ebenso fatal-tragische Situation! Da sei aber Gott vor! Es ist süßer, vom „Haupttreffer" zu träumen als ihn zu machen!

*

Ich hasse natürlich häßliche, breite, aber wohlgepflegte manikürte Hände! Diesen elenden feigen Versuch, das Schicksal mit drei Kronen zu versöhnen, ja besiegen zu wollen! Infolgedessen empfinde ich eine fast mystische Rührung für ideal-aristokratisch-zarte Hände, die schmutzig sind, ungepflegt und sogar schmutzige Nägel haben! Es erinnert mich an Meister Bruckner, der zwar göttliche Sinfonien erträumt hat, aber mit den Fingern in die Kalbsgulaschschüssel öffentlich griff! Gottbegnadete haben es eben nicht nötig, die Bourgeoisie nicht zu kränken!

*

Auch einen Hund bezieht man meistens in seine sonstigen Gemeinsamkeiten noch ein, der fürs Fressen den ganzen Tag liebwedelt und treu ist! Interessanter wäre natürlich eine hellgrau-weiße, anmutige, schmiegsame große treulose Katze; aber, siehe, man will „angewedelt" werden, man will es genießen, daß jemand sichtlich freudig bewegt ist, wenn man nach Hause kommt, und sichtlich verzweifelt, wenn man weggeht! „Gott, mein Hund hat sich so gekränkt, daß ich ihn heute zu Hause gelassen habe! Desto größer die Freude, wenn er mich wiedersehen wird!" Prosit! Wenn er nur nicht hingewischerlt hat vor lauter Sehnsucht!

*

„Peter, wie g'fallt Ihnen mein neuer g'scheckerter Pelz?! Und gar net teuer, vierhundert Kronen!"
„Er gefällt mir sehr gut. Aber weshalb hängt er an Ihnen?! Am lebendigen Tiere ist er herrlich. Oder irgendwo als Teppich. Soll er etwas verstecken helfen, was nicht schön ist?! Das wollen wir nicht hoffen. Und sonst gegen Kälte tuts ein edel-weicher Flanell auch! Ah, Sie wollen vielleicht beweisen, daß Sie bei Herrn v. G. Anwert haben, der ihn gekauft hat?! Das glauben wir ja sowieso, da müßt er ja keine Augen im Kopf haben. Außerdem aber — die eitle Blödheit der Männer ist kein Beweis für die Schönheit der Frauen!

GEDICHT DER LIOSCHKA

Roter Stadl.
„Graue kahle schlanke Birken, Märzende, ich grüße euch!
Ich gönne den Fremden nicht diesen melancholischen Anblick — — —.
Ach, sie schauen ja sowieso nicht zu euch hin, geliebte Bäume,
die ihr in den blauen kühlen Himmel vielverästelt hineinragt!
Mir gehört ihr allein, mir, und selbst die Vögel warten auf euch erst,
bis ihr grün seid! Bis ihr zum Nestbau taugt!
Mir gehört ihr, mir, zu allen Zeiten des Jahres,
und wenn man euch zersägt und fällt und zerschneidet,

werde ich auf euren bleichen gelben Stümpfen kauern,
und nichts denken, nichts fühlen, sondern trauern!"

*

Sie sagte: „Der ‚Rote Stadl' ist mein Hauptprüfungsgegenstand, er ist die Matura des Liebenden! Je nachdem einer sich dort benimmt, hab ich ihn gern oder verachte ihn!"

LA RAMPA

(Sizilianische Szene)

Der vollständig gelähmte alte Mann kauert hilflos in einem Lehnstuhl. Eine Treppe mit Geländer (La rampa) führt in den Weinkeller. Nach einigen Minuten Lautlosigkeit erscheint die junge wunderbar schöne Schwiegertochter: „Ah, Schwiegerväterchen, bonsoir, wie gut du ausschaust! Nun freilich, bei dieser zärtlichen Pflege deines Herrn Sohnes! Mich freilich pflegt er nicht so gut! Aber brauche ich ihn, ich habe andere! No, das weißt du ja, mein süßes Alterchen, vor dir mache ich keine Geheimnisse, das wäre ja eine Familiensünde, besonders da du, Armer, doch gelähmt bist und nichts austratschen kannst! Gleich wird dein zärtlichster Sohn, mein Gatte, dir aus dem Weinkeller deinen Lieblingstrank zur Jause bringen, der dich immerfort leider am Leben erhält! Hörst du ihn, gleich wird er da sein, dem du die Zärtlichkeiten wegstiehlst, die mir dann fehlen?!"

Später beredet sie dann in Gegenwart des gelähmten

Alten ihren Liebhaber, die Kellerstiege halb anzusägen, wo der Gatte den geliebten Labetrunk dem Vater holt. Der Gatte stürzt sich zu Tode, da erhebt sich der Alte kerzengerade, umspannt mit stählernen Fingern den Hals der höhnenden wunderbar schönen Schwiegertochter, bis sie erwürgt ist! Der Vorhang fällt.

DIE KUNDSCHAFT

„Herr von Altenberg, was verschafft mir die Ehre, womit kann ich dienen, was is denn schon wieder passiert, Sie schaun so aufgeregt drein!?"
„Der Rahmen ist von selbst aus dem Leim gegangen!"
„Von selber?! Sie werden halt recht damit herumg'haut haben, ein nervöser Mensch, ein Dichter!"
„Herumgehaut?! Mit einem Bilderrahmen, der an der Wand hängt?!"
„No an der Wand is er nicht von selber g'sprungen! Da muß man schon bissel mithelfen, so ist das nämlich nicht!"
„Was kostet die Reparatur?!"
„Ah, zahlen wollen's?! Was sie kost? Gar nix kost' sie. So a schlamperter Arbeiter, laßt ihn net langsam trocknen, nur immer gleich abliefern, abliefern ——."

ALTERN

Bei 22° Kälte auf dem Semmering, vor drei Jahren, war mir warm. Jetzt ist mir kalt bei 14° über Null.

Man altert.

Sie erzählte mir, ein Herr habe sie in der Tramway angesprochen.

„War er wenigstens elegant?!" fragte ich gleichgültig.

Man altert.

Geld blieb aus, und ich tobte nicht Tag und Nacht über die Ungerechtigkeit der Welt!

Man altert.

Ich hatte ein Bläschen auf der Zunge und dachte an Krebs!

Man altert.

Ich dachte an die Jugendzeit: Gott sei Dank, daß diese Periode von schamloser Stupidität und frecher Lebensunweisheit vorüber ist!

Man bleibt jung.

BRIEF

Geehrte gnädige Frau, ich werde Ihnen jetzt diagnostizieren, woher Ihre ewige Differenz mit Ihrer heranwachsenden Tochter stammt! Ihr Töchterchen war als Kind auffallend hübsch, hat sich aber im Laufe der Entwicklungsjahre mit Respekt zu sagen „vermießt". Da Sie selbst vom sogenannten Frühlingsleben der Frau nie etwas genossen hatten, freuten Sie sich unbewußt und naturgemäß, daß Ihre Eitelkeit wenigstens bei dem heranwachsenden hübschen Töchterchen endlich befriedigt werden würde. Aber sie wurde eben nicht hübsch, und statt romantischer Erfolge und eines sogenannten kleinen Hofstaates von

Jünglingen, die Blüten schicken, hat sie nur einige ganz edle Freunde, deren kühles Gehaben, deren gemäßigte Konversation Sie als Mutter und Gastgeberin unendlich langweilt! Sie werden sagen: „Schön stellen Sie mich hin! Bin ich also ein eitles Scheusal?!" Weshalb denn gleich so grausame Benennungen?! Sagen wir: eine eitle Mama!

DER ESEL

Er sagte: „Du bist langweilig, trotz deiner Schönheit. Die Sorge um deine neuen Frühjahrshüte ist für mich keine Sorge!"

„Ich habe aber außerdem noch lange schmale weiße Beine!"

„Ich anerkenne sie. Aber sie interessieren mich nicht allzusehr!"

„Ich habe einen nach süßen gekochten Mandeln duftenden Atem!"

„Stimmt! Aber Linden und Akazien duften mindestens ebenso gut!"

„Ich werde dich mit deinem Freunde Norbert zu betrügen versuchen!"

„Das allerdings interessiert mich!"

ANGST

Jeder Mensch hat eine andere Art Angst. Aber ein jeder versteht nur die seine. „Vorm Zahnarzt fürchten's Ihnen?! Für mich is der Zahnarzt wie a

Tarockpartie, i setz mich hin, und es geht los. Schamen's Ihnen!"

„Was, Sie haben Platzangst, Agorâfobíe?! Sie können nicht über einen freien Platz hinübergehen?! Na, nicht sollt ein fesches Maderl drüben stehen, wie's hinhupfen täten!"

„Ich befürchte, ich werde mit meinen dreihundert Kronen monatlich schwer auskommen können!"

„Was, mit dreihundert Kronen?! Soviel hat ja bald ein Hofrat! Ah da schau her!" „Wieviel brauchen Sie?!"

„Ich? Ich, wie kommt das dazu? Neunhundert!"

DIE UNENTRINNBAREN BEDÜRFNISSE DER MENSCHHEIT

Die französischen Schützengräben sind zuweilen nur 40 oder 50 Meter entfernt von den deutschen. Zwischen 12—2 wird, wie auf Verabredung, in beiden Lagern Mittagspause eingehalten. Will dann einer „aus menschlichen Gründen" verschwinden, so hebe er den Gewehrkolben; sogleich verläßt dann auch ein Feind den Schützengraben — — — als Geisel, falls der andere dennoch angeschossen würde!

DIE TÄNZERIN

„Prenez moi dans votre chambre!" sagte er zu der Vergötterten zum ersten Male, um Mitternacht.

„Pas aujourd'hui!"

Wie, also doch morgen, übermorgen, in acht Tagen,

in zwei Monaten, also überhaupt irgend einmal?! Aber da hatte er diese Allergeliebteste ja schon bereits in Besitz genommen durch diesen Ausspruch! Die goldenen schimmernden Tore zur Seligkeit standen offen, er erschaute bereits ihre körperliche geliebte Herrlichkeit! Er war von nun an ein gesalbter König. Was ist dagegen dieses armselige Wörtchen: „Komm!" Und wenn sie es auch gar nie, gar nie sagen würde später, seine Hochzeitsnacht war: „Pas aujourd'-hui!" Der Hoffnungsstrahl!

GYMNASIUM

Ordinarius der zweiten Gymnasialklasse an den reichen Vater eines elfjährigen Söhnchens, das bereits fabelhaft auf der Violine Mozart, Haydn spielt:

„Sehr geehrter Herr Kommerzialrat, falls es Ihnen Ihre kostbare Zeit gestattet, erbitte ich mir dringend im Interesse Ihres Herrn Sohnes eine Unterredung!"

Unterredung:

„Könnten Herr Kommerzialrat, bei Ihrer Vorbildung, nicht mit ihm selber die Verba auf mi durchstudieren?! Ein Vater ist eben stets doch noch eine tiefere Autorität als ein armer Lehrer!"

„Herr Professor, ich will Ihren Lieblingswunsch also erfüllen. Ich habe von ganz klein angefangen, da weiß ich also doppelt den Wert der Verba auf mi zu schätzen!"

Ich begreife es nicht, wieso man nicht vor allem einen Weltkrieg führt gegen die toten, wirklich toten Sprachen!? Solange man sie mühselig erlernt, kann man die Schönheit der Klassiker noch nicht erfassen. Und später findet man, daß Tolstoi, Hamsun, Gorki, Tschechow, Strindberg viel wichtiger sind, um das Leben in seinen geheimnisvollen Tiefen kennen zu lernen!

Wir haben nur eine gewisse Summe von Lebensspannkräften, vitalen Energien! Was davon in den acht Jahren Gymnasium vergeudet wird, würde ausreichen, jeden für die ganze übrige Zeit zum Genie zu machen!

JAUSE

Jausengespräch zweier junger bildhübscher Dienstboten im fünften Stock auf dem düsteren Gang vor meinem geliebten lichten Zimmerchen:

„Jessas, an schönen noblen Kehrbesen habt's ihr da oben! Unserer unten in der Kaffeeküche, der schaut aus! Wie a g'rupftes Hendel!"

„I schenk Ihnen meinen! Der Peter kauft mir an anderen!"

„Was für ein Peter?!"

„No der Peter. Der Peter Altenberg. Er is ein Schmutzian, das heißt er hat nebbich nichts, aber für solche praktische Arbeitssachen hat er ein Herz. Sie, der Mensch hat Ihnen einen Abstauber für die Wandphotographien, von lauter grauen jungen Straußfedern, fünf Kronen hat er gekostet!"

„Den möcht ich haben. Der muß ja wunderbar wischen!"

„Ja, den gibt er net her. Hundertmal hab ich ihn

schon darum angebettelt! Er hat g'sagt: „Im Testament!" Aber der lebt uns noch zehn Jahr. Solche Leut, die gar nix zu arbeiten haben als dös bissel dichten, die san zach!"

DER ABSCHIED

Morgenvisite. 1. Sanatoriumsarzt:
„Sie wollen uns also ernstlich verlassen, Herr Peter?! Bravo, bravo, ein erstes schönes Anzeichen wiedergewonnener Lebensenergien! Bravo. Nun aber nur rasch fort, damit man nicht wieder bedenklich werde, den Mut verliere!"
Abendvisite. 2. Arzt:
„Sie wollen uns also ernstlich verlassen, Herr Peter?! Ganz gut, wir werden Sie nicht zurückhalten selbstverständlich. Aber ein bedenkliches, ja ich möchte fast sagen, ein symptomatisch ungünstiges Anzeichen ist es, daß Sie so rasch weg wollen plötzlich!"

ROBERT MAYER

Kochet, waschet, flicket, tuet noch etwas anderes für uns, aber tuet um Gotteswillen nichts gegen uns! Du wirst seufzen: „Ein krasser Egoismus!" Mitnichten, Fräulein oder Frau, mitnichten! Denn was ihr selbstlos für uns leistet, leistet ihr für euch! Unser Emporkommen ist doch auch euer Emporkommen, in jeglicher Art! Robert Mayer entdeckte die „Erhaltung der Energie"! Siehe, nichts geht verloren an Lebensenergien! Was eine Frau dem Manne spendet, so oder so, es bleibt! In irgendeiner Form! Oft leider nur im Kindlein! Ihr gebt uns, und wir geben zurück der Welt, dem Leben, oft tausendfach! Wenn einer aber gar nichts hätte von eurer Spende, den vernichtet, sackelt aus! Betrügt ihn hinten und vorn, bestraft ihn! Er versündigt sich an Robert Mayers entdecktem Gesetze von der „Erhaltung der Lebensenergien"! Er nahm und gab nichts zurück! Er verderbe!

LANDPARTIE MIT DER FÜNFZEHN-JÄHRIGEN

Es ist also nicht wahr, was ich durch Jahre glaubte,
 daß du im heiligen Frieden von Wald und unbetretenen
 Wiesen und Bergbach-Urwaldufern dich verlörest?!
Ein Offizier, der vorüberkam, machte dich erröten,
 und kaum vermochtest du dein Köpfchen nicht zu wenden,
 um es zu erleben, daß er dir nachschaut!
Was ist es also mit deinen Sommerbriefen
 voll von Buchenwäldern, Birken, Kuckucksruf,
 gefangenem Igel und Sammlung merkwürdiger Kieselsteine im Bachbett?!
Sich verlieren! Du tiefste Weisheit einer Frauenseele, eines Frauenleibes!
Jedoch an was, an wen?!

Es ist die erste Landpartie und auch die letzte! Nur einmal stört man mir mein stummes Zwiegespräch mit der Natur!

ÜBER DAS „DRAHN"

Sein Wesen und seine wirkliche Bedeutung im Lichte — — — der Drahrer!

Die meisten verstehen den Sinn dessen, was sie aus Ungezogenheit und Stupidität tun, nicht. Der Drahrer draht stupid. Das heißt, er opfert die Nachtruhe, Zeit, Geld, und noch etwas anderes, um zu drahn, d. h. um in einem marmorgetäfelten gut erleuchteten Raume mit Klavierbegleitung Barmädeln den Hof zu machen und gesehen zu werden von denen, die nicht genug Geld haben, um den Mädeln den Hof zu machen. Denn Hof kostet eine Unmenge „Drinks", Zigaretten, Trinkgeld für die gestohlene, geraubte Zeit, für Langweile der unglücklichen Schönen, die zu allem nett lächeln müssen oder jedenfalls nicht allzu beleidigt sein dürfen, wenn er doch zu witzig und „fesch" werden sollte infolge des Alkohols!

Nein, drahn ist eine Regenerationskur, ein momentanes, wenn auch stundenlanges Ausspannen aus allem, was dich den Tag über bedrängt, gekränkt, geknebelt, gedemütigt hatte! Siehe, du wirst ein freier Mann! Kein Vorgesetzter, keine Verpflichtung, keine Familie, keine Frau, kein Kind, kein Gläubiger! Du bist dein eigener Herr, und, falls du generös bist, sogar beliebt und gern gesehen! Draußen freilich auf der dunklen Gasse, überfällt dich wieder deine eigene Nichtigkeit! Aber willst du ihr denn endgültig entrinnen?! Sei froh und dankbar, daß du auf sie vergessen durftest, konntest, von 1—4!

HOCHGEEHRTE GNÄDIGE FRAU

Sie fragen mich, weshalb ich plötzlich von Ihnen abgefallen sei?! Erstens ist es gar nicht so plötzlich. Nichts ist plötzlich, alles ist allmählich. Es scheint nur plötzlich. Und zweitens: weil Sie eine abfällige Bemerkung darüber gemacht haben, daß ich 56jähriger mit meiner fünfzehnjährigen braunlockigen Freundin, die kurze Kleider trägt und aussieht Gott sei Dank wie dreizehn, eingehängt, mittags, also im vollsten, strahlendsten Tageslichte, über den Graben gehe!? Ich finde, es sollten sich alle jene eher schämen, die mit älteren, aus dem Leim gegangenen, wenig begehrenswerten Damen öffentlich sich noch zeigen!

Ja, ich gebe es zu, daß Frühlingsvollkommenheit, braune natürliche Locken, unbeschreibliche adelige kindliche Anhänglichkeit, der mysteriöse Anflug eines Busens, absolute Fettlosigkeit, eine Käthchen-von-Heilbronn-Seele und dabei tiefste Geistigkeit mich nicht abschrecken, mit einer so gearteten Person öffentlich in vollem Sonnenlichte Arm in Arm zu gehen!

Ich, gnädige Frau, bin von Ihnen nicht abgefallen!

Sie von mir!

PORTRÄTMALEREI

Kunst ist die selbstlos-heilige Vermittlerin zwischen der mysteriösen Pracht der Natur selbst und den ursprünglich stumpfen Herzen der Menschen!
Wer die Natur direkt genießen kann, braucht keine Kunst!
Wer die Kunst braucht, kann die Natur nie direkt genießen!
Das geniale Porträt einer wertvollen wunderschönen Frau, hat nur für die Wert, die es sonst am lebendigen Objekte nicht so ganz tief heraus finden könnten!
Der Liebende ist ein Ochs, ein Verwirrter.
Er braucht das Porträt eines Künstlers von seiner Geliebten!
Der Verstehende braucht kein Porträt! Es befindet sich nämlich ideal-genial in seinem Gehirne!

BEKENNTNIS EINER SCHÖNEN SEELE

„Ich bin sehr, sehr schön. In meiner grauen Samtkappe mit der dicken grünen seidenen Troddel, die über meine aschblonden Schläfenhaare herabbaumelt, sehe ich direkt aus wie — — —. Nun, was bedeuten Vergleiche, alte Bilder, vergilbte Namen, da man doch Gott sei Dank noch ein lebendiges Kunstwerk ist!?! Aber etwas fehlt mir, was jede hübsche armselige Hure voraus hat. Man anerkennt mich, aber ich erwecke keine bösen teuflischen Instinkte, das einzige, was durcheinander bringt und alle besiegt! Ich bin innerlichst zu anständig, das heißt, ich habe nicht mehr die perfide Lebenskraft der Schlange, des Salamanders, des Regenwurmes!

Ich bin edel-feig!

Wenn man mich tritt, fühle ich mich getreten! Und das ist falsch. Da triumphieren die Treter! Trotz meiner bezwingenden Schönheit ist noch etwas in mir, das mich bezwingt! Das sollte nicht sein. Ich bin das Opfer von einem Stückchen Seele, das mich ewig stört, verhindert! Man sagt mir zwar: ‚Du wirst auch noch einen finden, den gerade das interessiert!' Gott, hoffentlich. Weshalb soll man denn auch gerade daran Schiffbruch leiden, was an einem sogenannt noch Besseres ist?!?"

LABEDAMEN

Wir haben nichts dagegen, daß die feinen Damen uns laben. Aber der Schlaf ist uns doch noch wichtiger und wertvoller! Man weckt uns liebevollst aus dem heiligen Regenerationsschlummer, um uns fade Limonaden oder angeblich stärkende Getränke zu verabreichen. Mit Respekt zu sagen, wir sch., pfeifen auf alles! Nur Ruhe, Ruhe, Ruhe, Schlaf! Die Damen wollen uns beweisen, daß sie für uns besorgt sind?! Wenn sie uns, zu Tode Erschöpfte, ganz in Ruhe lassen möchten, dadurch bewiesen sie es uns! Eventuell noch durch hingestellte zehntausend Zigaretten! Niemand versteht den Kranken! Am allerwenigsten der Gesunde! Er ist nämlich zu gesund dazu! Wir brauchen den Bruder des uns nahen Todes, den Schlaf!

DIE JUNGE GATTIN
Frau Ernst gewidmet.

Immer rekonstruiere ich mir wieder
seine Leiden — — — wie er dalag auf finsterem
kaltem nassem Felde,
mit seiner Schußwunde!
Weshalb tue ich es?!?
Um nicht die Qual zu haben, ruhig zu werden,
obzwar die schwache armselige Seele nach Beruhigung drängt!
Wenn er aus seiner Ohnmacht erwachte,
dachte er an mich. Nein, er dachte:
„Wann, wann wird jemand kommen, mich verbinden?!"
Dem fremden Retter harrte er entgegen.
Als keiner kam,
da dachte er an mich!
O sei gesegnet, Schicksal,
daß ich wenigstens einen Augenblick lang
ihm noch etwas war!

DER ALTE HAUSIERER

Heute am Graben, in der Septembersonne, sah ich einen alten Hausierer mit Patentkleiderhaken, die riesig praktisch und billig waren und die viele Leute gekauft hätten, wenn sie nicht das Mißtrauen gehabt hätten, betakelt zu werden. Neben ihm saß seine herrliche braune Enkelin von vierzehn Jahren. Infolgedessen kaufte ich fünf Kleiderhaken à 70 Heller. Die

Kleine war glückstrahlend über das Riesengeschäft. „Soll meine Enkelin sie irgendwohin zu Ihnen bringen, was brauchen Sie selbst zu gehn und zu schleppen?!"

Ich zögerte einen Augenblick, dann sagte ich: „Nein, danke!"

Auf dem Wege betete ich: „Du braune süße Herrlichste, mögest du nie es glauben, daß mit einem alten Hausierer-Großvater öffentlich zu stehen eine Schande sei! Mögest du stets es glauben, daß fünf Kleiderhaken zu 70 Heller ein glänzendes Geschäft sind; und mögest du nie einem Manne Waren ins Zimmer bringen, der dich so lieb hat wie ich!"

SPAZIERGANG IM HERBST

Ja, meine Herrschaften, er, der Fünfundfünfzigjährige, geht mit einer Fünfzehnjährigen, Arm in Arm, über den Graben, in hellem Herbstlichte! Sie hat braune natürliche Locken und kurzes Kleid, schaut aus wie dreizehn, und als sie ihn zum ersten Male in J., Dorfstraße, aus der Schule kommend ohne Schuh und ohne Strumpf, erblickte und zu ihm sagte: „Sie, Herr, bei Ihnen bleibe ich!", war sie erst zwölf! Neigung, Verständnis, Anmut richten sich nicht nach dem Kalender! Sie hat die getreueste intelligenteste Pudelseele: Sie ist wie von Barbédienne in Bronze gegossen. Eine lebendig gewordene Bronzestatuette. Daß die sich ärgern, die vorzeitig „aus dem Leim" gegangen sind, und die Feiglinge, die sich genieren, mit geliebten Mädchen über den Graben zu gehen eingehängt, im Herbstsonnenlichte, das ist selbstverständlich!

EIN SCHWARZ EINGERAHMTES BILD IN MEINEM ZIMMER

Bunte Kriegsbilderbogen, a fünfzig Heller.
Kriegsfreiwilliger Frank †.
Darunter mein Text:
Ein Dichter, der kein Sozialdemokrat, ja sogar Anarchist ist bestehender Lebenslügen, ist kein Dichter! Er dichtet, er träumt, er faselt, aber das tönend gewordene traurige Herz der ganzen wartenden Menschheit repräsentiert er nicht!

Frank hat durch seinen Heldentod der „Pártei", also der Menschheit, mehr Dienst geleistet wie durch sein Leben! Die grausame und träge Menschheit braucht, verlangt krasse historische Beispiele!

VERWUNDETENSPITAL

Gestern nacht, Mitternacht, besuchte ich das Soldatenspital „Gartenbau". Im Sommer war dort die Rosenausstellung, Rosen in allen Farben, umrahmt von weißen Holzgittern. Dreihundert Betten mit graugrünen Wolldecken, Bett an Bett. Man glaubt nicht, daß es Schwerverletzte sind. Todesstille, Nachtruhe, Nachtfriede. Die Kunst, die Menschlichkeit der Ärzte! In einem großen Glaskasten die Liebesspenden, Zigaretten, dieses andere Morphium des verwundeten Soldaten! Wir schleichen wie in Filzpatschen. Nichts rührt sich. $1/_27$ morgens werden sie geweckt. O, lasset sie schlafen, in den Tag hinein! Das geht nicht. Frühstück und Waschen. Schade!

DAS BRAUNE SEIDENWEICHE MUTTERMAL

Sie hatte auf ihrem herrlichen weißen Unterarme ein großes braunes, flaches, mit seidenen Härchen besponnenes Muttermal. Jemand sagte: „Befürchten Sie nicht, daß es dennoch irgend einmal irgend jemand abschrecken könnte?!" „Im Gegenteil, es ist mein Talisman, ich trage absichtlich immer offene kurze Ärmel, damit der abgeschreckt werde, der sich dadurch abschrecken läßt!"

Einer sagte: „Siehst du, und gerade das gefällt mir an dir am besten!"

„Besser als meine wunderbaren Augen?!"

„Viel, viel besser! Denn mit den Augen ziehst du alle Kerls an, aber damit ist doch wenigstens die Möglichkeit vorhanden, daß einige abfallen!"

JAPAN

Ich bin natürlich gegen die Japaner, sie haben mich als Menschen enttäuscht, aber nicht als Klein-Künstler! So ergeht es nämlich auch vielen bei mir. Niemand hält eben in seinem Alltäglichen, was er in seinem Feiertäglichen verspricht! Ich besitze in meinem Zimmerchen eine japanische dreistöckige Etagere aus braunem und gelbem Bambus.

Sie ist so zart und fein zusammengeflochten wie irgendeine besondere Pflanze von Natur aus. Ich liebe sie, trotzdem sie von den jetzt verhaßten und verachteten Japanern herstammt. So sollte man in allen, in allen Dingen sein! Selbst die Hände und Füße derjenigen noch bewundern können, die uns mit Herrn B. v. G. betrogen hat! Und so mit Menschen, pardon, mit Männern, mit Staaten, mit Nationen! Der Kreuzotter schwarzgraue Schuppenhaut noch bewundern können, während sie uns tödlich sticht!

Was ich außerdem über diesen Krieg als Dichter zu sagen habe?! Bis 1. Dezember 1914 habe ich in meinen neuen Skizzen alles gesagt. Bin selbstverständlich weder Historiker noch Kriegsberichterstatter, Gott sei Dank!

KRIEG

Auch im Krieg gibt es Menschen, die nur durch „geniale Tricke" berühmt werden. Andere wieder durch düstere stetige Lebensweisheit. Die Hauptsache bleibt: Ein jeder wirke mit seinen ihm zu Gebote stehenden geistigen Mitteln! Der Weise braucht keine Tricke, und der, der Tricke hat, braucht keine Weisheit! Es gibt Dinge, die den Augenblick erfordern. Und andere eine Ewigkeit! Für beides muß es „Tüchtige" geben in einem idealen Staate!

GESTÄNDNIS

„Herr Peter, verleitet, verführt durch Ihren ungezogenen Freundeskreis, der direkt sich darauf etwas einbildet, Sie schlimm behandeln zu dürfen, das heißt Ihre universale Gutmütigkeit zu mißbrauchen, habe ich selbst hie und da mir leider einen ironischen frechen Ton erlaubt, den ich jetzt eigentlich sehr bereue!"

„Sehen Sie, mich haben Sie dabei nie verletzt, gedemütigt! Sondern nur Ihre junge zarte wunderbare Gattin!"

„Wieso diese?!"

„Weil ich mir immer und jedesmal habe sagen müssen, was muß das doch eigentlich für eine demütig-schwächliche Sklavin sein, die ihrem Gatten nicht einmal die Achtung vor einem alten Dichter hat beibringen können, die sie selbst besitzt!"

AUTOGRAMME

Fräulein P. Sch.! Ihnen danken?! Ja, da müßte man ja auch ununterbrochen der Sonne danken, daß sie Licht und Wärme spendet! Das wäre ja zu strapaziös!

*

An Fräulein ...: Glauben Sie mir, Sie irren sich, ich kann Ihnen wirklich gar nichts bieten! Denn das Bieten hängt nicht vom Reichtum des Gebers, sondern vom Reichtum des Nehmers ab!

*

An die junge Frau ...: Sagen Sie über mein Buch: „Ja, ich habe es dringend gebraucht!" Oder: „Nein, ich habe es nicht gebraucht!" Aber sagen Sie nur nicht: „Wirklich, sehr interessant und apart!"

*

Einem Freunde, der ihn angeblich ganz besonders gut versteht: „Du gleichst dem Geist, den du begreifst, nicht mir!"

*

Lieber Freund, ich bin keine Krücke für die Lahmen, ich bin ein Flügel für die Gehenden, daß sie schweben können!

*

Sie fragen mich: „Soll man also seine zärtlich Geliebte eigentlich nicht liebhaben?!" O ja, aber immer noch mehr die huschende Smaragdeidechse, die tirilierende Lerche, den schweigenden Wald!

*

Viele, die mir folgen, glauben, daß sie sich einem Abgrund nähern! Diese sollen nur abstürzen!

*

Zum Dichten gehört vor allem Gedächtnis! Man muß nämlich an alle schönen und alle häßlichen, an alle gemeinen und alle ungemeinen, an alle lächerlichen und an alle tragischen Dinge des Lebens zugleich denken können!

*

Jede Liebe muß die Form einer exzentrischen und hysterischen Sentimentalität annehmen; sonst steht es doch garnichtdafür, sich diese Unbequemlichkeit aufzubürden!

*

Viele Menschen, mit denen man verkehrt, geben einem noch immerfort, wie die Lehrer im Gymnasium,

Sittennoten, Sittenpunkte. „Das, Herr Peter, ist wirklich sehr nett von Ihnen! Das wieder ist roh und gemein! Heute sind Sie in Stimmung! Heute sind Sie unausstehlich!" Ich mache daher alle diese Wohlmeinenden aufmerksam, daß wir zwar längst nicht mehr im Gymnasium uns befinden, daß sie mich aber trotzdem alle nach wie vor — — — —!

*

An Paula Sch.: Die meisten Menschen gehen nur ihre Wege, aber die Dichter gehen ihre Wege und auch Ihre Wege! Weshalb ich das gerade an Sie schreibe?! Weil nur Sie das ganz verstehen! Soll ich es einer schreiben, die sagt: „Sehr tief, aber was bedeutet es?!"

*

Ich schenke Ihnen, Fräulein, mein Buch. Es ist nicht für Sie geschrieben, aber aus Ihnen heraus!

IDEALER PUMPBRIEF

Lieber Herr...
ich wende mich an Sie als einen, gleich Ihrem Bruder..., intelligenten und vor allem höchst entwicklungsfähigen Menschen! — Nemo nascitur Caesar, sed crescit! —

Sie werden es daher am allerbesten einsehen, welche großen, in Ziffern gar nicht auszudrückenden, Vorteile für Ihre innere — und das ist ja das einzig Wichtige im Leben — Entwicklung — Auffassung, Erkenntnis, Durchdringung des sonst ziemlich komplizierten und verworrenen, ja oft unentwirrbaren Daseins — gerade Ihr Nahverkehr mit mir Ihnen unwillkürlich und von selbst bietet! Ja, ich habe ein Anrecht kraft meiner Persönlichkeit, die mit ihren Gedanken und Gefühlen nicht feig zurückhält wie viele andere, mich als einen modernen Sokrates, einen „Jugendbildner" zu betrachten, der peripatetisch — bei mir sitzt man sogar bequem und sauft Bier — den Schülern und Freunden unwillkürlich die Erkenntnis, die Weisheit des Lebens zwanglos beibringt! Für diese Lektionen will ich Ihnen, einem Lieblingsschüler, und weil schon Ihr jüngerer Herr Bruder seit Monaten meine Schule frequentiert mit gutem Erfolge und mir sogar schon infolge meiner Lehren das geliebte Fräulein B. weggeschnappt hat, für 25 Kronen monatlich, ebenfalls ein kleines monatliches Fixum von 25 Kronen berechnen. In Anbetracht der riesigen Vorteile für Ihr ganzes geistig-seelisch-ökonomisch-sexuelles Leben, also für Ihre Gesamtentwicklung, geradezu ein Schandlohn!

Und bei dem allem, bedenken Sie, bekommen Sie bei mir alles so mühelos! Wie gesagt, bei Sokrates mußte man mit dem alten Esel herumgehen, peripatetisch! Bei mir sitzen Sie, supieren in aller Ruhe, trinken, rauchen, und, hast Du nicht gesehen, auf einmal, ein unscheinbarer Anlaß, breche ich los und ergieße ein Füllhorn nie gehörter Weisheiten über die erschreckten aufgestörten und indignierten Zuhörer aus! Nehmen Sie sich davon heraus, was Ihnen für Ihre geistig-seelisch-sexuelle Entwicklung wertvoll erscheint,

überhören Sie den Quatsch, und zahlen Sie pünktlich und mit Freuden 25 Kronen pro Monat!
Ihr P. A.

KAFFEEKÜCHE

Das braune süße junge Küchenmädchen ging rasch an meinem Zimmer vorüber. Ich sagte: „Sie sind heute blaß, Katharina!"

„Ja, soll man vielleicht rosig sein bei diesen Zeiten?!"

„Was haben Sie?!"

„Ich habe in der Zeitung heute gelesen, daß mein Geliebter verwundet ist!"

„Wohin gehen Sie jetzt?!"

„Jetzt gehe ich Kaffee kochen, bis zehn abends. Da muß man doch wenigstens die ganze Zeit aufpassen, daß er nicht zu schwach und besonders nicht zu stark wird!"

„Katharina, mit Ihnen zugleich trauern Tausende!"

„Wenn ich nur wüßt, wohin sie ihn angeschossen haben!? Daß er nicht zuviel leidet. Ich wär schon damit zufrieden, wenn's in die Arme oder in die Beine gegangen wäre!"

Sie beginnt zu weinen und sagt: „Fremde Menschen belästigen mit seinen Sachen! Das auch noch! Adieu, Herr Peter! Wie kommen Sie dazu?! Bitte um Entschuldigung!"

POLITIK

La gloire! La grande nation!
Ganz nett, aber, pardon, die anderen möchten
eben auch existieren, und mindestens ebenso
glorios wie ihr!
Es ist schon einmal so verhängnisvoll ungeschickt,
daß ein jeder sein Plätzchen an der Sonne
des Lebens sich erwünscht!
Sich vertragen, ist immer noch das beste
Lebensgeschäft, das man auf dieser Lebensbörse
effektuieren kann!
Ich z. B. denke immer nur an das, was der andere
oder vielmehr die andere von mir brauchen könnte!
Denn was ich von ihr brauchen kann,
darüber muß ich leider nicht erst nachdenken; ich
weiß es zu genau!
Also: do ut des!

SELBSTKRITIK D. H. ALSO SELBSTLOB

Jetzt will ich mich mal selber gründlich kritisieren,
objektiv betrachten, nachdem so viele gutmütige nachsichtige Kritiker mich über den grünen Klee belobt
und anerkannt haben. Also, was bin ich, wer bin ich,
wie bin ich?! Ich bin ganz einfach der, der von oben
herunter schaut, von unten hinauf, und außerdem
überall rundum herum! Ich habe nicht die „Vogel-Strauß-Politik" fast aller anderen, die nur das sehen,
hören, verstehen wollen, was ihnen paßt! Mich stören,

verletzen, enttäuschen, kränken eben Unzulänglichkeiten jeglicher Art nicht so sehr wie andere, denn ich habe dafür für „Zulänglichkeiten" ewige Begeisterungsfähigkeit, Anerkennung, ja sogar Dankbarkeit! Die süße klangreiche Stimme einer Frau kann mich fast dafür entschädigen, daß sie sonst ein dummes Luder ist! Und so in allem und in jedem.

Ich habe es nicht nötig, ein Auge zuzudrücken, da das andere tiefbegeistert immer offen steht! Ich kann überall schrecklichste Mängel sehen, weil ich ebensoviele herrliche Vorzüge überall zugleich erschaue! Besonders die anmutigen zartgegliederten, beweglichen, edel-hautigen Frauen geben uns Gelegenheiten, sie zu bewundern, anzubeten, zu verwöhnen, während wir zugleich in unser „inneres Tagebuch" und Nachtbuch schreckliche vernichtende Dinge über sie notieren! Diese „Symphonie": Erleben! Weshalb versuchen wir es denn nicht, Beethoven, Bruckner zu beschämen, zu überflügeln durch unsere Seelensymphonien des Daseins selbst, aus erster Hand, nicht erst tiefsinnig umgesetzt in Klang und Töne!? „Ich habe mit Fräulein X. Y. erlebt: Symphonie C-Moll!" Auf Musik erst warten, wozu?! Das Leben töne!

Meine Bücher sind ein Sammelsurium von allem Möglichen, Wichtigen; denn nichts ist unwichtig außer das wirklich Unwichtige. Wie zum Beispiel der Luxus — und die Vorurteile jeglicher Art! Form hat dem Inhalt zu dienen! Tiefe Gedichte ohne Reim und Versmaß sind noch besser als solche mit. Denn bei ihnen spürt man das Restlose, während man bei den anderen stets noch meint, wie tief sie erst geworden wären ohne das Prokrustesbett, die

„Eiserne Jungfrau" von Vers und Reim! Form, du größter frechster Hochstapler von leeren Gehirnen, leeren Herzen! Ich hasse dich! Ich verachte dich!

DAS THEATERSTÜCK EINES IM FELDE STEHENDEN DEUTSCHEN OFFIZIERS

Ich bin leider kein „zünftiger Theaterreferent", ich bin nur, trotz meines Namens oder vielleicht wegen, ein ganz gemeiner Varietéreferent geblieben, was, wenn es noch so gut ist, nichts gilt in der literarischen Welt! Ich bin kein Areopag, was hat zu entscheiden über die Güte eines Stückes und über die Qualitäten von den Leistungen von seiten der darstellenden Künstler, inwiefern sie den Intentionen des Dichters nachzukommen ehrlich angestrebt haben, inwiefern hinwiederum der Dichter den Intentionen des Referenten nachgekommen ist, der sich schon infolge seines ernsten Berufes längst vor der Premiere mit den Qualitäten des Stückes streng und intensiv befaßt hatte! Ich war infolgedessen bei der Erstaufführung von Fritz von Unruhs „Offiziere", zugleich mit der jungen schönen bleichen Frau, in deren Loge ich zu Gaste war, tief begeistert und oft tränenüberströmt.

„Sie sind doch kein Knabe mehr, Peter!"

„Im allgemeinen nicht, aber hie und da bei wichtigen besonderen Anlässen!"

Ja, das Stück ist herrlich, die Darsteller Iwald, Pointner, Forster, Turner, Fräulein Choste, vollkommen! Ob dieses moderne Stück nichts anderes eigentlich sei als das alte Kleistsche: „Prinz von

Homburg", ist mir ganz egal. Das alte ist fad, und das neue ist packend! Vielleicht würde ich es auch anders sehen, wenn ich in angesehener Stellung wäre, aber so, als ganz gewöhnlicher Varieté-referent, bin ich nur gerecht und begeistert!

SPLITTER

Frau E. v. W. sagte zu mir: „Wenn ich, ganz nach Ihren Prinzipien, stumm, in mich gekehrt, dasitze, werden Sie sich doch, nach Stunden, mit mir schrecklich langweilen und sich eine fesche Ungezogene herbeiwünschen, nicht?!"
„Allerdings! Aber es wird dann nur meine Inferiorität beweisen, nicht die Ihre!"

*

„Bin ich Ihnen, mein Herr, nicht doch zu wenig leblos, temperamentlos, zu fad?!"
„Mir nicht, solang ich spüre, daß Sie es den anderen ebenso sind!"

*

„Denk dir, Mietzi, ich hab dem Peter seine Monatsrente entzogen!"
„Hat er sich gegiftet?!"
„Nein. Er hat nur gesagt, er kann vor Sorgen nun nicht mehr so ganz frei dichten!"
„Gott sei Dank!"

*

Schöne Frauen sind eigentlich sehr gutmütig, sie freuen sich, daß sie wegen nichts so gefallen!

Was sie ungutmütig macht, ist ja nur das Gefühl, daß man sich besonders lang nicht anschmieren lassen wird!"

*

Wirkliche Werte?! Lächerlich. Duftet die Rose dem, der Schnupfen hat?! Und dem anderen, der keinen hat, bereitet sie vielleicht nur Migräne!

*

„Ich möchte mit Ihnen etwas ganz Außergewöhnliches erleben, Herr Franz, ich lasse mir und Ihnen dazu vier Wochen Zeit!"
Für diesen Ausspruch drückte er ihr zärtlichst die Hand.
Da war es schon erlebt!

*

Einer sagte zu mir: „Ich hab eine erst wirklich gern, bis ich sie ganz gehabt hab!"
„Da hat sie Ihnen früher wahrscheinlich weniger gegeben durch ihre Persönlichkeit!"
„Nein, aber es ist halt doch etwas ganz anderes!"
„Ja, etwas ganz anderes ist es allerdings!"

*

Es ist keine große Kunst, überall das Für und Wider einer Sache herauszustöbern; aber es nicht herauszustöbern ist ein Kretinismus!

*

Trauer.
Die Träne, die du trocknest, macht einen geliebten Verstorbenen erst vertrocknen, der bis dahin unter deinem Naß gediehen ist!

*

Wenn Kürze des Witzes Seele ist, wenn Kürze des Essays Seele ist, wenn Kürze der Novelle Seele ist, dann, dann — — — bin ich kurz!

*

Die ganz feinen Damen sind ebenso brutal-ordinär wie die ganz ordinären Damen. Nur merkt man es nicht so ordinär. Das ist das Feine an ihnen!

*

Meine Bücher: Eine organische natürliche Verbindung einer inneren Biographie mit einer inneren Weltanschauung!

*

Es ist wie gesagt keine große Kunst, alle Dinge des Lebens von allen ihren Seiten zugleich betrachten zu können. Aber es nicht zu können ist eine Beschränktheit!

*

Wenn jeder nur das leistete, was er leisten könnte!
„Aber er leistet das, was er leisten möchte!
Und das ist viel zuviel zuwenig!

*

Der Kranke.
Wir brauchen Schlaf, nur Schlaf, diesen rücksichtsvollsten Bruder dieses rücksichtslosesten Bruders, Tod!

THEATERKARTEN

Wenn ich jemandem zwei gute Theaterkarten schenke, darf er mir, wenn auch noch so liebenswürdiger Art, kein Gegengeschenk machen, das dem realen Wert meiner Karten entspricht oder ihn übertrifft! Denn erstens beraubt er mich der Freude des Schenkens, sich der Freude ewig innerlich fortvibrierender Dankbarkeit! Wenn er aber doch das innere Bedürfnis hat, sich zu revanchieren?! Dann schicke er mir seine schöne junge Geliebte für zwei Stunden ins Haus!

SPLITTER

Inwiefern kann Österreich durch sein Bündnis mit Deutschland künftighin profitieren?!?
Insofern es lernt, daß z. B. eines seiner Lieblingslieder: „Drah'n mer auf, und drah'n mer um, es liegt nichts dran!"
ganz falsch ist, und eben doch sehr viel an allem dran liegt!

*

Diese hündische Anhänglichkeit dieses Herrn B. für Frau L. paßt sich für einen gscheckerten Foxterrier, aber nicht für einen rotschädlerten Menschen!

*

Er hatte sich kolossal an sie angewöhnt: die ewigen unnötigen Mißverständnisse nämlich später wieder aufzuklären und alle klaren Dinge ewig wieder mißzuverstehen! Man spielt sich herum wie die Katz mit der Maus! Leider ist man nicht die Katz, sondern die Maus!

SKLAVIN

Als ich sie vor Leuten in mein Zimmer schickte, die verlorene goldene Aufziehschraube meiner geliebten Uhr zu suchen, abends.

Was für ein verfallenes bleiches verzweifeltes haßerfülltes Antlitz du bekommen hast sogleich, unbewußt, gegen dich selbst vielleicht sogar! Du hast den Stolz der niedrigen kriechenden Organisationen, die von der Ehre, dem Stolz des „Dienens", des heiligen „Dienstbarseins" nichts in sich haben, weil ihre Würde nicht von innen vorhanden ist, ein unzerstörbar ewiges lichtes Gepränge, sondern von außen verlogen angepickt und angeschminkt an deine eigentlich würdelose Seele!

Der Freien Stolz ist: frei zu dienen!
Der Sklavin Stolz ist: scheinbar frei zu sein!

BANNFLUCH

Hinauf kommen wollen, heraus, aus den Niederungen, den Sümpfen, seelisch-geistig, das ist alles! Man muß deshalb nicht gleich Klosterschwester werden, aber immerhin, wenn auch in dieser heiligen reinen friedlichen Klosterzelle seiner faden Stube! Der Mann ist der Schandbube, ist der Mörder der Frauenreinheit! Daß sie selbst aber die Gefahr, die Erniedrigung nicht sofort erkennt, spürt, wittert, ahnt, riecht, ist ihre Hurennatur! Was dir geschieht an Leid, an Demütigung, o Fraue, und seiest du erst fünfzehn Lenze jung, ist deine Schuld, und dein Verbrechen! Würde, adeliger Stolz, wirft jeden Wüstling reuig zu deinen Füßen nieder! Verführt wird nur die, die zum geraden Wege ohnedies nie taugte! Besser also eine gute Hure als eine verlogene Anständige! Zeige dich wenigstens ehrlich in deinem Schuppenpanzer, Echse! Hexe!

SPLITTER

So viele schöne Frauen sind ungezogen. Weil man sie nicht erzieht?! Nein, weil man ihnen einredet, daß es herzig sei!

*

Schöne begehrenswerte Frauen wollen immer es erproben, was man uns noch alles sagen und antun darf, ohne daß wir beleidigt sind! Beleidigt sind wir natürlich sofort, aber man darf sich's wegen dem anderen Geschäft nix merken lassen!

*

„Was haben Sie davon, daß Sie uns so durchschauen, Peter?!"
„Daß ich es dann genau weiß, darauf komme es eben doch nicht an!"

*

Eine Frau, die ganz genau so wäre wie ich, nur ohne —— Schnurrbart! Das wäre es!

*

Ich lese bei S. Jacobsohn: „Der Fleiß und die übrigen sieben Todtugenden!"

*

Verkehr mit edlen Frauen.
Es ist künstlerisch-nobel, seine Perlen unter den Tisch fallen zu lassen. Aber es muß sich eine finden, die sie zärtlich aufklaubt!

*

῞Ορκος ὀδόντων, der Stachelzaundraht. Gehe äußerlich so exzentrisch gekleidet, daß dich schon im vorhinein jene meiden, die dann mit Entsetzen sonst erst zu spät es merken würden, wie sehr du dich erst recht innerlich von ihnen, Gott sei Dank, unterscheidest!

*

Ich habe viele Freunde, aber wenig Brüder! Freunde sind die, die das noch verstehen, was sie verstehen können an mir! Aber Brüder sind die, die auch das noch an mir verstehen, was sie nicht mehr verstehen können!

GESPRÄCH MIT DER WUNDERSCHÖNEN SIEBZEHNJÄHRIGEN AUS SARAJEWO

„In einer kleinen abgelegenen Stadt, umringt von romantischen Wildnissen, haben wir viel voraus vor unseren unglückseligen Mitschwestern in den flachen Großstädten. Wir haben voraus: Langweile, Nachdenken, Melancholie! Wir bekommen es sehr bald heraus, daß es nur sehr sehr wenige Männer gebe, die uns befriedigen können: Mozart, Schubert, Hugo Wolf, Tschechow, Beethoven, Emerson, Tolstoi, Hamsun, Grieg. Aber den anderen genügen wir nicht. Das

heißt sie bilden es sich momentan ein, daß wir ihr Höchstes seien. Aber da sie unseres nicht sein können, können wir auch nie eigentlich das ihre sein! Nur gleich und gleich gesellt sich gern! Wir aber leben ungesellig, mit unseren Göttern, unseren Männern!"
Ich schwieg, berührte ihr zärtlichst die Hand.

SPLITTER

Er sagte zu seiner süßen Geliebten: „Ich geb dir sechs Wochen von heute abend an Zeit, folgende Lebensbibeln zu lesen: Macauley, Biografical essays, Goethe, Werthers Leiden, Hamsun, Victoria, Carlyle, Über Helden, Friedell, Ecce poeta, Richard Wagner, Exzerpt: Gedanken und Aussprüche, Renan, Das Leben Jesu, Emerson!
Nach sechs Wochen machte er Stichproben. Und siehe, sie hatte wirklich ——— alles gelesen. Aber verdaut hatte sie nichts. Da gab er ihr weitere zehn Jahre Frist!

*

Es ist besser, anfänglich zu mißfallen und später zu gefallen. Noch besser wäre es, gleich zu gefallen und später erst recht. Aber das gibt es leider nicht!

*

Wenn ich vom Leben nichts wüßte, als daß die Rosa Papier, die alle Kirchenglocken tönte während meiner ganzen Jugend, durch falschen Ehrgeiz, durch diese hohen Partien „Sieglinde" und „Elisabeth", ihre von mir vergötterte und heißgeliebte dunkelernste mahnende erschütternde Stimme verlor, wüßte ich schon mehr als genug!

*

Heute, 17. Dezember 1914, ¹/₂6 abends, wurde mir im Café meine geliebte goldene Uhr gestohlen. Ich annoncierte sogleich ins N. W. T.: „Welche meiner zahlreichen Verehrerinnen erwünscht sich die Ehre, mir auf den Weihnachtstisch einen Ersatz für die gestohlene zu legen?!" Ich erhielt 173 wundervolle Uhren. Die schönste behielt ich, den Erlös für die anderen widmete ich den Waisen weiblichen Geschlechtes gefallener Helden! Das Ganze war aber nur, wie im Kino, ein Traum. Bis auf die eine gestohlene Uhr. Die ist Wirklichkeit.

FRIEDELL

Dr. Egon Friedell sagte zu mir: „Peter, die Philister schaden dir nicht, im Gegenteil. Die ahnen etwas in dir, was besser ist als sie, was sie aber doch als überflüssig und sogar hinderlich betrachten im Leben! Wer dir schrecklich schadet, das sind nur die, die dich zu verstehen meinen und überzeugt sind, daß sie eigentlich auch so ähnlich sind, aber nur nicht so verrückt, sondern dabei normal! Diese Hunde, die nicht schwer bezahlen wollen fürs Anderssein, sondern nur damit noch profitieren möchten! Die, die dich unter der perfiden Maske von Verständnis und Anerkennung zuschneidern, zustutzen auf ihr Maß, ein Zwergenmaß, nein, ein Lebensmaß! Ein Sterbensmaß! Die,

die da sagen: „Ich bin doch gewiß — — —". Nein, er ist gewiß nicht!"

AN PÍA DORÉ

Es gibt schöne junge Geschöpfe, die man natürlich sogleich haben, genießen möchte! Die Zärtlichkeit kommt von unten und bleibt unten. Aber es gibt solche, für die man sogleich die besorgte und übertriebene Zärtlichkeit einer Mama für ihr zartes Baby empfindet! Die Zärtlichkeit ist eben sogleich hinauf gestiegen, ins Herz, und noch höher hinauf, ins Gehirn! Dorthin, wo das „Göttliche" wohnt, das Unzerstörbare! Nenne es „Impotenz", mich kannst du nicht schrecken! Ja, man zieht den Genuß von tausend Stunden dem Genuß einer Stunde vor!

INHALTSVERZEICHNIS

Nachtrag zu Prodromos . 9	Brief an Grete Wiesenthal,
Erlebnis 30	die Tänzerin. 58
Nester 31	Frauen 59
Entdecken. 32	Stammtisch 60
St. D. 33	Italien 61
Vergnügungslokal 34	Café Capua 61
Moulin Rouge, ,,Venedig	Die Kellerstiege 62
in Wien" 34	Tschuang Tse: Der
Karriere 36	Glockenspielständer . . 65
Verein Naturschutzpark . 38	Plauderei 66
Mimikerinnen 39	Die Urgroßmutter 67
Albert. 40	Die Auffassung 69
Mein Bruder. 41	England 70
Liebe 42	Das Glasgeschenk 71
Der Luxus von heute	Vanitas 72
und seine Übertreibun-	Ständchen 72
gen 42	Mein Fensterbrett 73
Meine Schwester. 43	Paulina 74
Laotse: Der heilige Baum 45	Erziehung 75
Wachsfiguren 46	Reformationszeitalter . . 76
Meine andere Schwester . 47	Splitter 76
Automne 49	Der ,,Feigling" 82
Venezianerinnen 50	Tabarin 83
Ein Lied 51	Splitter 84
Venedig 52	55. Geburtstag 86
Venedig 53	Lyrik 87
Onkel Emmerich 55	Der Tod einer Samariterin 89
Das Leben 56	Die Stupiditäten der Vogel-
Onkel Max 57	Strauß-Politik 90

Geistigkeit	92
Apollotheater	93
Splitter	95
Semmering - Photogravüren	105
Splitter	114
Brief an eine junge Brasilianerin	114
Splitter	116
Kriegszeiten	126
Sühne	126
Dora 1	127
Dora 2	128
Dora 3	129
Zum Heldentode des Dr. Frank	130
Der Vorfrühling	130
Naturliebe	131
Witz	132
Plauderei	132
Karoline	133
Meine Schwester Gretl	134
Krieg	134
Meine Tränen	136
Quod licet	137
Signor Jo	137
Splitter	138
Ausblicke	138
Dilemma	139
Romantik	140
(Goethe!) Hermann und Dorothea	141
Farbe	142
Diätetik der Seele	143
Splitter	144
Schule des Lebens	144
Theater und Krieg	145
Philosophie	145
Der letzte Wille eines deutschen Prinzen	147
Briefwechsel zweier Freundinnen	147
An die Frauen	148
Schicksals tragischer Anfang	150
Gedicht	150
Man ermannt sich	151
Plauderei	152
Anna	153
Der „Koberer" (Kuppler)	156
Weltenbummler 1914	157
Wissenschaft und Krieg 1914	158
Nach drei Jahren	159
Liebesgedicht	159
Christentum 1	160
Christentum 2	161
Platonisches Gespräch	161
Die Fliege	162
Splitter	163
Liebesgedicht	167
Revanche	168
Die „unglückliche" Liebe	168
Variation über ein beliebtes Thema	171
Parte	172
An die Kokette	172
Splitter	174

Der Krieg 186	Die „Taube" 221
Dankgebet 187	Über Gerüche 222
Splitter 188	Moderne Architekten . . 322
Die Schuhpasta 190	Werthers Leiden 224
Philosophie 191	Du hast es so gewollt . 225
Aus Maxim Gorkis Biographie 192	Prodromos 226
Der Schigan 193	Humanitas 227
Geselligkeit 193	Sport 228
Kriegszeiten 194	Das Leben 228
Kriegslied einer Fünfzehnjährigen 194	Das Testament 229
	Helfen 229
Kondolenzen 195	Liebe zu Gegenständen . 230
Friede 196	Alma 231
Verfolgungswahn 196	Der „rote Stadl", Ausflugsort bei Wien 232
Über Mode 197	
Almosen 200	Poeta 233
Splitter 200	Sappho 234
Romantik der Namen! U9 201	Gerechtigkeit 235
Ein Schicksal 202	Splitter 236
Die Liebe 203	Gedicht der Lioschka . . 238
Splitter 204	La Rampa 239
De Amicitia 206	Die Kundschaft 240
Kriegshymnen 207	Altern 240
Reale Romantik 1914 . 208	Brief 241
Über die Anständigkeit . 209	Der Esel 242
Philosophie 210	Angst 242
Beim Morgenkaffee . . . 211	Die unentrinnbaren Bedürfnisse der Menschheit 243
Splitter 211	
Die „gewöhnliche Frau" 214	
Religion 216	Die Tänzerin 243
Werdet einfach! 218	Gymnasium 244
Laotse, uralter chinesischer Philosoph 219	Jause 245
	Der Abschied 246
	Robert Mayer 246

Landpartie mit der Fünf-
  zehnjährigen 247
Über das „Drahn" . . . 248
Hochgeehrte gnädige
  Frau 249
Porträtmalerei 250
Bekenntnis einer schönen
  Seele 250
Labedamen 251
Die junge Gattin 252
Der alte Hausierer . . . 252
Spaziergang im Herbst . 253
Ein schwarz eingerahmtes
  Bild in meinem Zimmer 254
Verwundetenspital . . . 254
Das braune seidenweiche
  Muttermal 255
Japan 255
Krieg 256
Geständnis 256
Autogramme 257

Idealer Pumpbrief . . . 259
Kaffeeküche 261
Selbstkritik d. h. also
  Selbstlob 262
Politik 262
Das Theaterstück eines im
  Felde stehenden deut-
  schen Offiziers 264
Splitter 265
Theaterkarten 267
Splitter 268
Sklavin 269
Bannfluch 269
Splitter 270
Gespräch mit der wun-
  derschönen Siebzehn-
  jährigen aus Sarajewo 271
Splitter 272
Friedell 273
An Pia Doré 274